HET LAND VAN HAAT EN NIJD

Margalith Kleijwegt
en Max van Weezel

*Het land van haat en nijd*

Hoe Nederland radicaal veranderde

Uitgeverij Balans
2006

Copyright © 2006 Margalith Kleijwegt en Max van Weezel /
Vrij Nederland / Uitgeverij Balans, Amsterdam

Alle rechten voorbehouden.

Omslagontwerp: Nico Richter
Omslagfoto: Cees Boek
Foto auteurs: Bert Nienhuis
Boekverzorging: Adriaan de Jonge, Amsterdam
Druk: Giethoorn, Meppel

ISBN 90 5018 763 3
NUR 740

www.uitgeverijbalans.nl
www.vrijnederland.nl

# Inhoud

Voorwoord 7

1 Een oase van rust 11
2 Brandbom in de Mevlana-moskee 15
3 De islam brengt geluk 20
4 Ruzie in De Baarsjes 26
5 Europeanen zijn ziek 33
6 Bidden met open handen 36
7 De dood van Sereso 42
8 Een klas vol lege ogen 48
9 De blinde vlek van de elite 52
10 Een open zenuw 58
11 Nederland lijkt gek geworden 63
12 Steeds meer argwaan 69
13 Oorlog in de hut 76
14 Wollen deken 86
15 De woede van de gewone man 91
16 Onkruid tussen de tegels 100
17 In chador naar school 107
18 Kankerjood 110
19 Land zonder kompas 112
20 De puinhopen van Pim 119
21 De kruistocht van Ayaan Hirsi Ali 122
22 De fijne kneepjes van de politiek 126
23 De minister van polarisatie 131
24 Onder de gordel 136
25 Onmenselijk en onbeschaafd 142

26  Is zoenen zina? 147
27  Grimmige sfeer 154
28  Moord in de Linnaeusstraat 162
29  Den Haag in verwarring 169
30  De pijnlijke voet van de premier 175
31  Het paard verzamelen 180
32  De haarvaten van de samenleving 186
33  Allah is je beste vriend 195
34  Boerka's en naveltruitjes 203
35  Geen zoete broodjes 208
36  De globalisering van de islam 212
37  Het ongelijk van de seculiere elite 218
38  Bidden voor het GVB 224
39  De grote minaret van Amersfoort 231
40  Home sweet home 237
41  De geloofsbelijdenis van Piet Hein Donner 241

Literatuur 249
Personenregister 251

Voorwoord

Wilhelm Heitmeyer leidt het instituut voor conflictbeheersing aan de universiteit van Bielefeld, een betonnen kolos in Noord-Rijn-Westfalen, honderd kilometer ten zuidwesten van Hannover. In 1997 doorbrak hij een taboe. In zijn boek *Verlockender Fundamentalismus* beweerde de socioloog op basis van gesprekken met 1220 in Duitsland woonachtige jonge Turken dat een substantieel aantal van hen dreigde te radicaliseren. Ze waren ook bereid geweld te gebruiken. Heitmeyer werd weggehoond, vertelde hij in een interview met *Vrij Nederland*. 'Politiek correcte vakgenoten en politici vielen over me heen. We waren toch zo tolerant, zeiden ze. Dan konden er toch geen etnische conflicten ontstaan? Hun defensieve houding verraste me. Van wetenschappers had ik toch enige distantie verwacht. Maar de meesten hadden toen nog een idyllisch beeld van de multiculturele samenleving. Ze zagen het als een eeuwigdurend straatfeest. Achteraf beschouw ik hun tolerantie als een teken van onverschilligheid.'

Wat hij over Duitsland zei, had ook over Nederland kunnen gaan. Tot diep in de jaren negentig koesterden socialisten, christendemocraten en liberalen ook hier het ideaal van de multiculturele samenleving. De migranten werden gezien als een verrijking van onze cultuur. Helemaal waar maar dat nam niet weg dat problemen in het verschiet lagen. Segregatie dreigde zich voor te doen: in de buurten, het onderwijs maar ook in sociale contacten (autochtonen gingen met autochtonen om, allochtonen met allochtonen). Nederlanders en migranten verwijderden zich van elkaar in plaats van toenadering te zoeken. De eerste rapporten die het belang van integratie benadrukten, verschenen (bijvoorbeeld het WRR-rapport 'Allochtonenbeleid' van Han Entzinger en Arie van der Zwan uit 1989). Politiek Den Haag reageerde daar met grote vertraging op. De inburgeringscursussen, waar de hoogleraren voor pleitten, gingen pas in 1998 van start.

Ondertussen waren Turkse en Marokkaanse jongeren op zoek gegaan naar hele andere reddingsboeien dan een inburgeringscursus. Teleurgesteld over hun marginale positie in Nederland omhelsden ze het geloof. De islam. De Haagse politici (altijd geneigd problemen te lijf te gaan met sociaaleconomische oplossingen als meer geld voor onderwijs en banenplannen) sloten hun ogen voor de culturele en religieuze verwijdering die gaande was.

In 1991 signaleerde *VN* dat het smeulde in Amersfoort, een van de meest gemiddelde steden van het land. Moslims waren enthousiast bezig hun eigen zuil op te bouwen, inclusief moskeeën, scholen op islamitische grondslag en een eigen voetbalclub. Autochtonen reageerden gestoken. Er werd een molotovcocktail de moskee in gegooid. Dat gaf een schok, alleen dacht iedereen nog wel: nou ja, het is maar een incident. Maar de haat en nijd tussen Nederlanders en moslims beperkte zich niet alleen tot Amersfoort. Die stak in de jaren die eropvolgden overal de kop op.

Binnen de moslimgemeenschap waren er voormannen die waarschuwden tegen de toenemende polarisatie. Zoals Haci Karacaer van de orthodoxe Turkse groepering Milli

Görüs en officier van justitie Sadik Harchaoui. Bij de gevestigde partijen vonden ze weinig gehoor. Pas na de publicatie van het NRC-artikel 'Het multiculturele drama' van Paul Scheffer (begin 2000) kwam het tot een groot Kamerdebat.

Daarna begon de escalatie eigenlijk pas. Al Qaida vloog de Twin Towers binnen. Geestelijk leider Osama bin Laden groeide uit tot een monster voor de autochtonen maar werd de held van sommige allochtonen. Pim Fortuyn ging de politiek in en verklaarde de eerste dag al de islam de oorlog. Na de moord op Fortuyn (mei 2002) werd zijn partij de tweede van Nederland. Tweeënhalf jaar later bracht de moord op Theo van Gogh het land opnieuw in rep en roer. Vooral omdat de dader dit keer een fundamentalistische moslim was. En nog wel een van eigen bodem.

In Den Haag zaten ze met de handen in het haar: wat moest je ondernemen tegen een terrorist die was opgegroeid in Amsterdam-West? Hoe kon het moeras om de Mohammed B.'s heen worden drooggelegd? De ministeries van Binnenlandse Zaken en Justitie hoopten op de gemeenten, die weer hun hoop stelden in de deelraden, die rekenden op het buurt- en clubhuiswerk. Maar eigenlijk wist niemand wat er in de hoofden van radicale moslimjongeren omging.

De afgelopen vijftien jaar schreven we voor VN met enige regelmaat artikelen over probleembuurten, zwarte scholen, moslims die hun eigen zuil wilden en politici en bestuurders die het moesten oplossen. Een van ons (Margalith) trok vooral de buurten en scholen in, de ander (Max) had Den Haag als standplaats. Voor dit boek hebben we onze krachten gebundeld – om te kunnen beschrijven hoe ver de wereld van de besluitvormers afstond van wat zich in de buurten afspeelde. Speciaal voor het boek zochten we een aantal hoofdrolspelers in het verhaal nog een keer op. Ook spraken we uitvoerig met het geweten van het kabinet-Balkenende, minister van Justitie Piet Hein Donner.

Hans Vervoort werkte mee aan de enquête onder autochtone en allochtone scholieren die ten grondslag ligt aan hoofdstuk 13, Harm Ede Botje droeg bij aan hoofdstuk 27 (over de rol van de AIVD).

De hoofdredactie van *Vrij Nederland* – Emile Fallaux en Frank Poorthuis – gaf ons de ruimte om aan dit project te werken. Plien van Albada van uitgeverij Balans bestookte ons met nuttige kritiek.

Het boek dragen we op aan Anet, Ad, Kers en Natascha.

# 1 Een oase van rust

Hoe zag de wereld er ook weer uit aan het begin van de jaren negentig? 
 Van het Westen had zich een hoopvolle stemming meester gemaakt nadat de Sovjet-Unie was ingestort. Regeringen sloegen aan het bezuinigen op het leger en de inlichtingendiensten, die waren nu toch niet meer nodig. In Nederland werd de militaire dienstplicht opgeheven. De Amerikaanse politicoloog Francis Fukuyama kondigde alvast het eind van de geschiedenis aan: de liberale democratie had gezegevierd, grote conflicten zouden zich niet meer voordoen. Dat bleek niet helemaal te kloppen, want één spelbreker verstoorde al meteen de oase van rust in de wereld: Saddam Hoessein, die Koeweit binnenviel. Geallieerde troepen onder aanvoering van generaal Norman Schwarzkopf zetten hem het oliestaatje weer uit. Grimmig was ook de situatie op de Balkan waar Serviërs, Kroaten en Bosniërs elkaar vanaf 1991 naar het leven stonden.
 Nederland leefde mee, maar had ondertussen andere zorgen: de WAO waarop het kabinet wilde bezuinigen. In hun rolstoelen rukten de gehandicapten op naar het Malieveld om tegen die 'asociale' maatregel te protesteren. Een jaar later, in 1992, werd de Bijlmermeer opgeschrikt door een El Al-toestel dat naar beneden kwam. Het vrachtvliegtuig kwam terecht op flats waar veel Afrikaanse illega-

len woonden. Reden voor staatssecretaris Aad Kosto van Justitie om op te merken dat die illegalen uit Nederland dienden te verdwijnen.

Grote opschudding was het gevolg. Zijn opmerking werd als gevoelloos en politiek incorrect ervaren. Het was de tijd dat kabinetsleden als Hedy d'Ancona niet uitgepraat raakten over de geneugten van de multiculturele samenleving. Haar collega's in de ministerraad kregen elke vrijdag te horen welk leuk nieuw Vietnamees restaurantje nu weer bij haar in de buurt was geopend. Migranten waren een verrijking voor de samenleving, hun komst als een probleem zien was uit den boze. Vreemdelingenhaat kwam alleen over de grens voor – zoals in Duitsland, waar asielzoekerscentra in brand werden gestoken. Uit verontwaardiging stuurden we ansichtkaartjes naar bondskanselier Kohl.

Wat ons verder destijds bezighield? Liz Taylor die voor de achtste keer trouwde, het huwelijk tussen Charles en Diana dat op springen stond en natuurlijk de zeehondenbaby's die in de Waddenzee door agressieve meeuwen werden aangevallen. De luchtmacht bracht redding.

In september 1991 zorgde VVD-leider Frits Bolkestein voor ophef. Tijdens een spreekbeurt in Luzern voorspelde hij dat de tegenstelling tussen Oost en West vervangen zou worden door een nieuw scherp conflict: dat tussen de islam en de democratie. 400.000 moslims zou Nederland binnenkort hebben en die onderschreven lang niet allemaal liberale principes als de scheiding van kerk en staat en gelijke rechten van de vrouw. Daarom moest van moslims worden verlangd dat ze de rechtsstaat accepteerden. Welke moskee ze bezochten, of ze hoofddoekjes droegen en wat ze aten was hun eigen zaak. Maar over principes als de scheiding van kerk en staat viel niet te marchanderen.

Het was pas de eerste – en nog onschuldige – bijdrage van Bolkestein aan het minderhedendebat. Er zouden er nog meer volgen. In 1992 pleitte hij voor leerplicht voor allochtone meisjes en een verbod op polygamie. Een jaar later vestigde hij de aandacht op het groeiend aantal asielzoekers dat in Nederland aanklopte. Waar het kon, moesten die in hun eigen regio worden opgevangen, vond Bolkestein. Later zei hij nog dat kinderen van illegalen van onderwijs moesten worden uitgesloten en dat migranten over het land moesten worden verspreid om gettovorming in de grote steden te voorkomen.

Het kwam hem op helse reacties te staan. Bolkestein mocht natuurlijk zeggen wat hij wilde, maar waarom verkondigde hij geen positieve boodschap over de multiculturele samenleving, vroeg minister D'Ancona zich af. Bolkesteins uitspraken waren ongepast, viel staatssecretaris Wallage van Onderwijs zijn partijgenoot bij. Dit getuigt van een verkeerde toon, zei GroenLinks-leider Paul Rosenmöller. De commentator van *de Volkskrant* verweet hem 'hijgerig populisme'. Volgens *Vrij Nederland* bezondigde hij zich aan 'borreltafelpraat'. Harder was CDA-Europarlementariër Hanja Maij-Weggen die Bolkestein in 1995 vergeleek met extreem-rechtse voormannen als Jean-Marie Le Pen en Filip Dewinter.

Achteraf valt op dat alle critici het uitsluitend hadden over de toon die Bolkestein aansloeg en over de vraag of hij het deed uit electoraal gewin. De inhoud van zijn boodschap – als niet met man en macht aan inburgering van migranten wordt gewerkt, loopt het mis – werd achteloos terzijde geschoven. Als hij al niet voor 'racist' werd uitgemaakt.

Dat was de reactie in politiek Den Haag en bij de opinieleiders.

Maar wie zijn oren in de grote steden te luisteren legde, wist dat Bolkestein wel degelijk een reëel probleem signaleerde: het wemelde van de migranten die geen woord Nederlands spraken en geen idee hadden dat ze in een land waren terechtgekomen waar men de scheiding van kerk en staat en de gelijke behandeling van man en vrouw heilig had verklaard.

De eerste generatie, die hier als arbeidsmigrant was gekomen, zat inmiddels in de WAO of de bijstand en voelde zich zwaar in de steek gelaten. Hun kinderen slaagden er vaak slecht in de aansluiting bij de Nederlandse samenleving te vinden. Ze kwamen in een soort geestelijk niemandsland terecht en sommigen trokken daaruit de conclusie dat ze op zoek moesten naar hun wortels. Ze omhelsden de islam.

In de buurten waar zich veel migranten vestigden, nam de irritatie onder de autochtone bewoners toe. Over vuilnis dat over het balkon werd gegooid in plaats van op het daarvoor bestemde tijdstip langs de kant van de straat gezet. Over al die vreemde talen die in het trapportiek werden gesproken. Over de agressieve toon die jongens van buitenlandse komaf aansloegen. Veel autochtonen begonnen zich vreemdeling te voelen in hun eigen wijk. Hier en daar kwam het tot uitbarstingen: een moskee die met racistische leuzen werd beklad, een matpartij op straat. Alles bij elkaar was het te weinig om Bolkesteins conclusie te wettigen dat de verworvenheden van de liberale democratie op het spel stonden. Wáár was dat er iets broeide. En niet alleen in beruchte probleembuurten als de Haagse Schilderswijk, het Rotterdamse Charlois en de westelijke tuinsteden van Amsterdam.

## 2 Brandbom in de Mevlana-moskee

Voorjaar 1992 haalde het de voorpagina's: brandstichting in een moskee in Amersfoort. Opmerkelijk, want Amersfoort stond vooral bekend als meest gemiddelde stad van Nederland. Geen grote gemeente en ook geen kleine: zo'n honderdduizend mensen woonden er. Een 'groeistad' was het wel en dat kwam voor een deel doordat Turken, Marokkanen en Antillianen zich er vestigden. Wie genoeg geld op zak had, verhuisde naar nieuwbouwwijken als Kattenbroek en Zielhorst, die volgens de laatste inzichten van de moderne architectuur waren ingericht. De allochtonen kwamen terecht in de oude arbeidersbuurten de Kruiskamp en het Soesterkwartier. Hun komst veranderde het religieuze en culturele aanzien van Amersfoort: naast de vijfenveertig kerken van de stad werden er nu ook moskeeën neergezet voor de Turkse en voor de Marokkaanse gemeenschap. Ook de Bilalschool kwam er, een van de eerste islamitische basisscholen in Nederland.

De Mevlana-moskee was gebouwd door de Turken met financiële hulp uit het moederland. Midden in de Kruiskamp, een buurt vol kleine huizen en flats uit de jaren zestig. Het gebouw beschikte over een grote gebedsruimte met mooie, helgroene vloerkleden. In een winkeltje waren Turkse broden en speelgoedautootjes te koop. Er was een soort koffiehuis. De moskee werd voornamelijk bezocht door oudere Turken die niet of nauwelijks Nederlands spraken.

Wie volgens de islam leeft, heeft niets te vrezen, hield de imam hen altijd voor. Die troostrijke woorden hadden ze hard nodig toen de aanslag werd gepleegd. De daders gooiden meerdere molotovcocktails naar binnen en besmeurden de muur met het logo van de Afrikaner Weerstandsbeweging. Een van de brandbommen trof doel: de deur naar de bovenverdieping waar de imam met zijn vrouw en drie kinderen woonde, vatte vlam. Een paar dagen na de aanslag kwam er een bommelding, daarna nog een en nog een.

De politie tastte in het duister. Er waren wel eerder akkefietjes geweest. De buurt had geklaagd over de geluidsoverlast die de moskeegangers veroorzaakten: ze praatten te hard en maakten ruzie op straat. De bewoners van de Kruiskamp waren ook niet te spreken over de minaret, al schalde die maar één keer per week: op vrijdag. 'Een ernstige inbreuk op mijn privacy,' berichtte een mevrouw de gemeente. De grootste woede werd gewekt door het foutparkeren. De auto's van de gelovigen stonden overal, op de stoep en op het kleine stukje groen voor de huizen. Boze voorbijgangers hadden al een keer spiegeltjes kapotgeslagen en banden lekgeprikt. Maar brandstichting? Dat was iets nieuws.

Voor de allochtonen van Amersfoort is de moskee steeds belangrijker geworden. De eerste generatie kwam hier in de jaren zeventig om te werken – bij metaalbedrijf Polynorm of Van Heugtens tapijtfabriek. Hun leven speelde zich af in het gastarbeiderspension. Bidden, daarvoor ging je naar Utrecht waar toen al een moskee stond. Toen in de jaren tachtig de economische recessie toesloeg, kwam de een na de ander in de WAO terecht. Waar moest je naar toe – behalve naar het koffiehuis? De roep om een eigen moskee zwol aan.

Ismael Aykul, Turk van geboorte, was begin jaren negentig gemeenteraadslid voor de PvdA. Aykul – zo vernederlandst dat in zijn huiskamer een koekoeksklok hing – hield elke donderdagavond spreekuur op het stadhuis. Daar konden migranten met hun problemen terecht. Hij zag ze steeds minder vertrouwen in de politiek en steeds meer in de religie krijgen.

'In het begin dachten de migranten dat ze van hun komst hier alleen maar beter zouden worden. De eerste jaren liep het redelijk. Iedereen had werk. We werden als melkgevende koeien beschouwd. Totdat de economie instortte.'

Ook de Marokkaan Abdelkader Azahaf besefte achteraf dat de pioniersjaren een 'gouden tijd' waren. Iedereen in Nederland was verdraagzaam ten opzichte van elkaar, de migranten voelden zich gewenst. Gastarbeider was je, en niet in de eerste plaats moslim. Al kon er tijdens de ramadan worden gebeden in het gebouw van de Stichting Buitenlandse Werknemers waaraan Azahaf verbonden was. Van Heugtens tapijtfabriek zorgde dan voor de vloerkleden.

Voorjaar 1992 had Amersfoort vijf moskeeën, de Bilalschool en niet te vergeten een islamitisch voetbalelftal. De weggesaneerde gastarbeiders en hun kinderen hadden een nieuw doel in het leven gevonden: naast de protestantse en katholieke moest ook de moslimzuil vaste voet aan de grond krijgen in Nederland.

De Marokkaan Abdoeslan Elidrisi was een van de voortrekkers. Hij woonde sinds 1963 in Amersfoort en bezocht aanvankelijk de Utrechtse moskee. Het stak hem dat de overheid bereid was subsidie te geven aan themadagen voor migranten, kookcursussen en naailessen, maar nooit geld stak in religieuze activiteiten. Dus trok hij zijn eigen plan. In 1982 hield Elidrisi een collecte om een moskee te bouwen. Hij kreeg honderdduizend gulden bij elkaar. Twee huizen aan de Soesterweg konden worden aangeschaft. Zo kregen de Marokkanen hun eigen moskee.

Eind jaren tachtig deed zich een scheiding der geesten voor. Jonge Marokkanen richtten hun eigen moskee in de Einsteinstraat op en die was onmiddellijk in trek. Elidrisi was er niet blij mee. Hij noemde de jongeren fundamentalisten. Volgens hem waren ze erop uit een islamitische staat te stichten. Turkse en Marokkaanse jongeren richtten samen de Bilalschool op. Van Marokkaanse kant waren het de acht gebroeders Lemaalem die zich daarvoor beijverden, bij de Turken de vier gebroeders Taspinar. Het grootste verschil met de generatie van Elidrisi: de jongeren zaten niet uitgeblust in de WAO. Ze hadden een baan, ze spraken goed Nederlands. Toch gingen ze op zoek naar de wortels van het geloof. Sommigen hadden een zondig leven achter de rug: drank, gokken, vrouwen. Juist het besef dat ze op het slechte pad dreigden te komen, deed hen houvast zoeken bij de Koran.

Voor Elidrisi had een school op islamitische basis niet gehoeven. De oprichter van de eerste moskee in Amersfoort over het initiatief van de Lemaalems en Taspinars: 'Die mensen willen niet omgaan met christenen. Ik vind het niet goed om klassen te hebben met alleen maar Achmeds en Ali's. Ik ben ook moslim maar ik wil dat mijn kinderen met Nederlanders leven.'

Bezoek de moskee en eet geen varkensvlees, maar pas je

verder aan de Nederlanders aan – dat was het credo van Elidrisi. Voor de generatie van zijn kinderen was zo'n opstelling inmiddels ouderwets. Moslim zijn was niet alleen iets voor op vrijdag, het vormde de kern van je bestaan. Die boodschap wilden ze actief uitdragen.

Een van de Marokkaanse vrouwen die dat in Amersfoort deed was Souad Salama. Ze kwam in 1972 naar Nederland en werkte bij de Islamitische Omroepstichting in Hilversum. Ze bewaart geen goede herinneringen aan de manier waarop het gastland haar ouders en haar destijds verwelkomde: 'Mensen keken ons na. De Nederlandse buurvrouw kwam op een dag met een vuilniszak vol oude kleren, dat vond ik niet leuk. Alsof wij zielige sloebers waren.'

Ze kreeg het advies de huishoudschool te volgen maar vertikte het. 'Die opleiding had in Marokkaanse kring een slechte naam. Op de huishoudschool zaten meisjes die niets konden, behalve zich opmaken en 's avonds naar de disco gaan.'

Souad besloot door te leren, ze ging naar de havo. Ze paste zich aan: 'Ik besefte dat dat moest, dús ging ik om met Nederlandse meisjes. De islam, de ramadan, ik durfde er niet over te praten. Mensen denken daar zo negatief over, ik moest me altijd verdedigen. Tijdens de ramadan ging ik zogenaamd lezen in de pauze, zodat het niemand zou opvallen dat ik niet at. Achteraf heb ik er spijt van dat ik niet gewoon achter mijn godsdienst stond.'

## 3 De islam brengt geluk

Die hernieuwde trots op het islamiet-zijn speelt een rol bij de hele tweede generatie. De al genoemde gebroeders Lemaalem en de gebroeders Taspinar kon een zekere zendingsdrang niet worden ontzegd. Tevfik Taspinar had in Amersfoort de eerste Nederlandse afdeling van de orthodox-religieuze groepering Milli Görüs (letterlijk: Nationale Visie) opgericht. De beweging was gelieerd aan de Welvaartspartij van Necmettin Erbakan, die in Turkije tegen de goddeloosheid streed. Taspinar struinde de koffiehuizen af, op zoek naar bekeerlingen: 'Al die mannen die daar maar zitten te niksen, ik vind het afschuwelijk om te zien. Ik leg dan uit dat het fout gedrag is en dat de islam hen gelukkig kan maken.'

Zijn evenknie aan Marokkaanse kant, Mohammed Lemaalem, was geschokt over het feit dat de meeste schoolvrienden van vroeger inmiddels in de ww zaten. Hij vreesde de teloorgang van een hele generatie. Lemaalem ontdekte de Koran: 'Ik ging de Arabische taal leren, de geschiedenis van de islam bestuderen. Het was een openbaring. Alles werd opeens positief.'

Ook de Bilalschool kwam voort uit bezorgdheid over de teloorgang van een generatie. Taspinar ergerde zich aan de teleurstellende resultaten van allochtone kinderen op de gewone lagere school. Ze moesten kunnen doorstuderen, vond hij. Had hij zelf die kans maar gehad! Overdag werkte hij bij margarinefabrikant Remia, al zijn vrije tijd stak hij in religieuze en sociale activiteiten.

Voor de Taspinars en Lemaalems betekende moslim zijn niet alleen geloven, bidden, vasten. Het ging erom je eigen organisaties op te bouwen, de verloedering te bestrijden, verantwoordelijkheid te tonen. Alleen trotse islamieten konden op den duur op gelijke voet komen met de Nederlanders.

Einsteinstraat 4 – dat werd het bastion van de jonge zelfbewuste moslims in Amersfoort. In dat voormalige schoolgebouw kwam de orthodoxe Marokkaanse moskee tot bloei. Voorzitter M. Elyahjaoui – een vriend van de gebroeders Lemaalem – reisde de hele wereld af om aan geld te komen. Vooral Saoedi-Arabië bleek een gulle gever. Elyahjaoui was blij dat hij erin geslaagd was de jeugd te bereiken. Eens per drie maanden werd er een grote bijeenkomst met islamieten uit België en Duitsland gehouden: 'De hele dag eten en bidden, hartstikke leuk.'

In hetzelfde pand waren het Islamitisch Hulp- en Belangencentrum en de jongerenorganisatie Annour ondergebracht. Annour (voorzitter: Hassan Lemaalem) werkte nauw samen met de orthodoxe Turkse jongerenvereniging MGT, die werd aangevoerd door de gebroeders Taspinar. Een zegen, noemde Tevfik Taspinar die samenwerking. In het verleden had de MGT problemen gehad met Marokkaanse jongeren die bingo speelden, dronkemansfeesten hielden, drugs gebruikten en met de politie in aanraking kwamen. 'Elke dag werd er bij ons ingebroken, voortdurend gingen de ruiten aan diggelen.'

Met Annour had je dat allemaal niet. Die jongens kwamen om te bidden. Al lukte dat niet altijd meteen. Hassan

Lemaalem: 'De jongens die hier komen hoeven niet de eerste keer al te bidden. Soms gaan wij de gebedsruimte in en blijven zij nog even wachten. Vaak zie je dat ze na een paar keer toch meegaan. Gelukkig!' In de kale ruimte met schoolbord en pingpongtafel die als uitvalsbasis voor Annour diende, werden ook islamitische actiefilms vertoond – afkomstig uit landen als Algerije.

'Wij proberen bij de jongens het geloof in het hart te krijgen,' zei Hassan. 'Dat moet hun houvast worden.'

De Turkse Mevlana-moskee – waar in 1992 de brandstichting plaatsvond – timmerde minder aan de weg dan de gebroeders Lemaalem en Taspinar. De moskee werd door de Turkse overheidsinstantie Diyanet gefinancierd en keek meer naar wat er in Ankara gebeurde dan in de rest van Amersfoort.

Toch droomde men ook in de Van Galenstraat van een Nederland dat er heel anders uitzag dan het huidige. Een van die dromers was de imam.

'Amersfoort heeft veel problemen,' vertelde hij via een tolk (want zelf was hij het Nederlands niet machtig). 'Maar de islam kan helpen. Ik houd de mannen hier voor dat ze niet naar het gokhuis mogen, niet naar de disco en niet naar het koffiehuis. De ziel moet goed worden opgevoed, anders gaan mensen aan de drugs of komt er omgang tussen mensen van hetzelfde geslacht. Er is grote behoefte aan religieuze verdieping.'

Hij hoopte dat Amersfoort naast de Bilalschool ook een islamitische middelbare school zou krijgen en, als het even kon, een islamitische universiteit.

Het vooroordeel wil dat binnen de moslimgemeenschap de mannen de lakens uitdelen en de vrouwen thuis zitten. In grote lijnen blijkt dat ook te kloppen. In de moskee in de

Einsteinstraat was een grote gebedsruimte voor de mannen ingericht en een klein kamertje voor de vrouwen. Die konden tijdens de gebedsdienst via een luidspreker naar de imam luisteren. In de Mevlana-moskee was het ook zo geregeld. Alleen Milli Görüs kende een actieve vrouwenvereniging. Voorzitter was de schoonzuster van Tevfik Taspinar. Ze woonde in een nieuwbouwwijk met eindeloze rijen huizen en bijna geen stukje groen.

Mevrouw Taspinar zag er aardig en intelligent uit. Ze sprak nauwelijks Nederlands, maar zat wel op les. Toen we op bezoek kwamen, had ze nog twee vrouwen uitgenodigd, die allebei getrouwd waren met een meneer Killic. De vrouwen hadden weinig in de melk te brokkelen binnen de moskee, maar dat gaf niet, vertelden ze: 'We willen niet in het bestuur, het bevalt de mannen ook niet om ons te veel vrijheid te geven.' Alle drie onderstreepten dat ze dankzij de islam weer een herkenbare eigen identiteit hadden gekregen: 'Aanpassen, aanpassen, het lukt gewoon niet.' Ooit zou – waar ook ter wereld – de ideale islamitische maatschappij verrijzen.

Hoe die er voor vrouwen uitzag? De jongste mevrouw Killic aarzelde even, maar zei toen resoluut: 'Er moet een zwembad zijn, alleen voor vrouwen, een tropisch zwembad zoals in Center Parcs.'

De brand in de Mevlana-moskee schokte heel Nederland. Op 21 maart – de VN-dag tegen racisme – werd tegen de geweldaad gedemonstreerd op het Amsterdamse Museumplein. 80.000 mensen namen deel, onder wie ministerpresident Ruud Lubbers en FNV-vice-voorzitter Karin Adelmund. Maar niet iedereen reageerde verontwaardigd.

In jongerencentrum De Rebel in het Amersfoortse Soesterkwartier heerste er een uitgelaten stemming. Meteen een goeie bom was beter geweest, zeiden ze daar. Bij Plexat, een ander jongerencentrum, vlak bij de getroffen moskee, waren ze het daar roerend mee eens: 'Het was een goede waarschuwing. Die buitenlanders kwadrateren zich, ze moeten oprotten.'

Daags na de brandstichting zaten zes trouwe bezoekers van Plexat in een achterkamertje van het centrum, naast de discoruimte. Beer en Roeland voerden het woord. Ze hadden het idee dat hun hele leven verpest werd door de buitenlanders. Amersfoort was Amersfoort niet meer, vonden ze. Overal zag je Turkse winkels en koffiehuizen.

Roeland was vanwege racistische uitlatingen van school gestuurd: 'Bij maatschappijleer. Het is raar dat ik daar mijn eigen mening niet mag geven!'

'Wat mij erg bezighoudt is dat er geen scholen meer zijn met alleen Nederlandse kindertjes,' voegde Beer daar zorgelijk aan toe. Hij had eigenhandig een pamflet gefabriceerd waarin hij kinderen van asielzoekers naar de gaskamers in Auschwitz verwees. Beer – op het oog een redelijk slimme, leuk uitziende jongen – volgde een middelbare technische opleiding, richting metaal, en omschreef zichzelf als 'vrij racistisch.' Hij was verbaasd over zijn eigen haatdragendheid, maar had de diep gewortelde overtuiging dat de buitenlanders straks de macht in Nederland zouden overnemen. Hij droomde ervan later een eigen bedrijfje te beginnen: 'Anders moet ik met Turken werken.' De neonazi's in Duitsland waren zijn voorbeeld: 'Die interesseren me mateloos. Ik las al jong *Mein Kampf*, kreeg ik te leen van een leraar op school.'

Net als bij Plexat bestond bij de bezoekers van De Rebel – voor oudere jongeren – het gevoel dat hun schromelijk te kort werd gedaan. De mannen van rond de dertig hadden een kantoortje met op het raam een tekening van een doodshoofd en een hakenkruis. Eigenlijk was De Rebel gesloten. Het gebouw stond op instorten en de gemeente vond de groep gebruikers te oud voor een jongerencentrum. De kachel deed het niet meer, het dak lekte, er stonden alleen nog krachttoestellen waar de mannen aan konden hangen. Diep verontwaardigd waren ze over het beleid van de gemeente: 'Voor de buitenlanders is niets te dol, voor hun eigen mensen hebben ze niets over.' De Rebel moest en zou openblijven, zoveel stond vast. 'Als dat niet gebeurde,' zei Bert, een goed getrainde, hoogblonde stukadoor, 'dan gooien we een brandbom bij de moskee naar binnen.'

Van Turkse kant – en bij de politie – werd vermoed dat de aanslag op de Mevlana-moskee door jongeren als Roeland, Bert en Beer was gepleegd. Al werd het bewijs nooit geleverd. 'Weet je,' zei Beer, op zijn manier trouwhartig, 'ik zou niets tegen buitenlanders hebben gehad, als ze hier maar niet hadden gewoond.'

## 4 Ruzie in De Baarsjes

In 1994 had de wereld voornamelijk oog voor het drama dat zich afspeelde op de Balkan: de wereldgemeenschap probeerde Serviërs, Bosniërs en Kroaten rond de tafel te krijgen. Zo'n wapenstilstand duurde meestal maar een paar dagen. Goed nieuws kwam er uit het Midden-Oosten, waar Israël en Jordanië na jaren van vijandelijkheden een vredesakkoord sloten. Mis liep het in de voormalige Sovjet-Unie: Russische troepen vielen het islamitische Tsjetsjenië binnen.

De binnenlandse politiek maakte een roerig jaar door. De IRT-affaire (de politie bleek misdadigers in staat gesteld te hebben drugs te importeren) maakte een voortijdig einde aan het ministerschap van Ed van Thijn. Minister-president Lubbers verloor het vertrouwen in zijn kroonprins Elco Brinkman en het CDA verloor vervolgens de verkiezingen. Voor het eerst sinds 1918 trad een kabinet zonder christendemocraten aan: Paars I.

Van een 'clash of civilizations' tussen het vrije Westen en de moslimwereld, waar de politicoloog Samuel Huntington in 1993 voor waarschuwde, was eigenlijk nog geen sprake. Al deed zich wel een enkel incident voor. Zo haalde het Franse modehuis Chanel zich de woede van radicale islamieten op de hals door topmodel Claudia Schiffer een laag uitgesneden jurk met verzen uit de Koran te laten dragen. Het kledingstuk maakte deel uit van de nieuwe zomercollectie. Tot verdriet van ontwerper Karl Lagerfeld besloot het modehuis na de protesten alle exemplaren van de jurk te vernietigen.

In Den Haag was Frits Bolkestein nog steeds bezig de aandacht voor de zijns inziens mislukte integratie van minderheden te vragen. Op applaus van CDA, PvdA en GroenLinks hoefde hij niet te rekenen. Wel verschenen er stapels rapporten waarin werd gesteld dat het sinds 1970 gevoerde minderhedenbeleid faliekant was mislukt. Van de gastarbeiders en hun kinderen mocht niet worden verwacht dat ze zich volledig aan Nederland aanpasten, was steeds gezegd. Op den duur zouden ze naar Turkije en Marokko terugkeren. Ze moesten zich tijdelijk in Nederland kunnen redden maar vooral niet vervreemden van hun eigen taal en cultuur. Streep door de rekening was dat de meeste gastarbeiders niet terugkeerden. Sterker nog: doordat vrouw en kinderen overkwamen, nam het aantal allochtonen snel toe.

Vol optimisme lanceerde de politiek het ene plan na het andere: Nederland moest een multiculturele samenleving worden zonder gedwongen assimilatie maar ook zonder etnische segregatie. Nederlanders en medelanders moesten naar elkaar toegroeien, elkaar leren kennen. De sociaaleconomische positie van allochtonen moest worden versterkt, zodat ze niet in een achterstandssituatie belandden.

Op papier leek het doordacht. Hoe vervelend nou dat het in werkelijkheid anders liep.

Anno 1994 moest worden geconstateerd dat de gastarbeiders van het eerste uur waren uitgerangeerd en met een uitkering thuis zaten. Hun kinderen hadden moeite zich in het onderwijs te handhaven omdat hun Nederlands niet goed genoeg was – en niemand thuis die kon helpen. De gezinnen woonden vaak in buurten waar je alleen Turken en Marokkanen tegenkwam.

Ondanks alle goede bedoelingen was de etnische segregatie een feit. Wat doe je dan als overheid? Het onderzoeken en er een rapport over schrijven. Daarvan verschenen er halverwege de jaren negentig niet te weinig. Het ministerie van Binnenlandse Zaken publiceerde de 'Contourennota Integratie Etnische Minderheden', het departement van Welzijn, Volksgezondheid en Cultuur de nota 'Investeren in integreren'. De Erasmus Universiteit deed onderzoek, de Universiteit Utrecht, de Universiteit van Amsterdam. Eigenlijk was iedereen het met elkaar eens: als er niets gebeurde, dreigden er getto's te ontstaan in Nederland.

Alle rapporten werden door de betreffende Kamercommissie indringend besproken: jonge allochtonen moesten aan werk worden geholpen, de segregatie in buurten en op scholen moest worden tegengegaan. Desondanks constateerde de parlementaire onderzoekscommissie Integratiebeleid (de commissie-Blok) eind 2003 dat wat migranten in Nederland hadden bereikt, vooral op eigen kracht was gebeurd. Niet dankzij de maatregelen van de overheid.

Opvallend aan de Kamerdebatten over de 'Contourennota' en de nota 'Investeren in integreren' was dat ze vrijwel alleen gingen over het wegwerken van sociaaleconomische achterstanden. Dat autochtonen en allochtonen bezig waren ook in religieus en cultureel opzicht van elkaar te vervreemden, ontging de politieke partijen. Alleen het CDA maakte daar wel eens een opmerking over. Verder niemand, terwijl dat het was wat zich in de buurten voltrok.

Groeperingen als de Turkse Milli Görüs hadden allang geen zin meer te wachten op plannen van de overheid die toch nergens toe leiden. Premier Lubbers had ooit voor emancipatie in eigen kring gepleit en de orthodoxe moslims van Milli Görüs waren daar druk mee bezig. Ze waren voor integratie, maar dan wel met behoud van de eigen islamitische identiteit. Het bleek een succesformule. Milli Görüs sprak jongeren aan. Allah werd aangeprezen als alternatief voor het drugshol en de gokautomaat. In Amsterdam, Amersfoort, Dordrecht en Haarlem verschenen jonge vrouwen op straat zoals Milli Görüs ze graag zag: modern, energiek, maar wel met een hoofddoekje op.

Nederlandse gezagsdragers hielden aanvankelijk hun hart vast voor de onstuimige groei van de vrome moslimbeweging. Milli Görüs onderhield nauwe banden met de Welvaartspartij van de Turkse politicus Necmettin Erbakan die er door het leger van werd beschuldigd dat hij de westerse democratie wilde afschaffen. De omstreden politicus koesterde sympathie voor het Iran van de ayatollahs en had een uitgesproken voorkeur voor de sharia boven de bestaande wetgeving. De assertieve opstelling van Milli Görüs (geen woorden maar daden) was nog niet eerder vertoond in Nederland. Demonstraties waarin gesluierde vrouwen voorop liepen, wakkerden het wantrouwen alleen maar verder aan.

Het kwam tot confrontaties met de autoriteiten.

In 1994 kocht de Vereniging Ayasofya, onderdeel van Milli Görüs, voor drie miljoen gulden een groot stuk grond (achtduizend vierkante meter) midden in het dichtbevolkte Amsterdamse stadsdeel De Baarsjes. Op die plek moest een moskee verrijzen, een badhuis en een sporthal. Voor de grote inspirator achter het project, Uzeyir Kabaktepe, was dat nog maar het begin. Hij wilde nog veel meer plannen verwezenlijken: 'Een islamitisch ziekenhuis, en een universiteit op basis van de Koran.'

Maar er gebeurde niets, want de stadsdeelraad van De Baarsjes en de Vereniging Ayasofya raakten al snel op voet van oorlog met elkaar. De moslims waren dan wel eigenaar van het voormalige garageterrein, maar mochten er niets bouwen. De deelraad had een ander plan: koopwoningen moesten er komen. Als er al een voorziening voor de Turken zou worden opgenomen in het bestemmingsplan, dan zeker niet eentje van achtduizend vierkante meter groot.

De moslims op hun beurt gebruikten het gebouw dat op het terrein stond sinds de aankoop wel als moskee. Dit tot verontwaardiging van de deelraad, die daar nooit een vergunning voor had afgegeven. PvdA-stadsdeelvoorzitter Freek Salm, door de Turken een formalist genoemd, zag zichzelf als een strijdbaar verdediger van de rechtsorde: iedereen moest zich aan de regels houden.

'Ik ben er niet op uit,' zei hij in een café aan het Mercatorplein. 'Maar als het echt niet anders kan, deins ik er niet voor terug de Mobiele Eenheid op de moskee af te sturen.'

Het hele conflict had vermeden kunnen worden. De Vereniging Ayasofya had haar oog aanvankelijk niet op het garageterrein laten vallen, maar op een leegstaande katholieke kerk. De reactie van het bisdom was ondubbelzinnig. Men brak de kerk liever eigenhandig af dan dat er moslims in zouden komen. Pas toen ontstond de ruzie over de achtduizend vierkante meter.

Er kwamen juristen aan te pas en maar liefst drie bemiddelaars. Geen van drieën kreeg Salm en Kabaktepe met elkaar aan de praat.

De bemiddelaars drongen er bij het stadsdeel op aan

zich niet te star op te stellen. Doe concessies, was hun advies aan Salm. Het ging tenslotte om een groep allochtonen die zélf wilden bepalen wat goed voor hen was en zich niet afhankelijk van de overheid opstelden. Dat moest worden gehonoreerd.

'Vroeger hadden we doorbraakchristenen. Dit zijn doorbraak-Turken,' hield de ene bemiddelaar de stadsdeelvoorzitter voor.

'Je stelt je te veel als een calvinistisch bestuurder op,' zei de ander tegen Salm.

'Je meent toch niet echt dat je de ME erop af wilt sturen?', informeerde de derde verbijsterd. 'Zoiets kán niet!'

De robuuste bestuurder Freek Salm bleef het anders zien. In De Baarsjes woonden 40 000 mensen, van wie 3500 van Turkse afkomst. Er waren bijna net zo veel Marokkanen en ook nog eens 2500 Surinamers. Als die allemaal zo'n grote lap grond wilden, bleef er niets meer van De Baarsjes over.

De drie bemiddelaars vonden die redenering kortzichtig. Eigen initiatief moest worden beloond. Als je de Turken voor het hoofd stootte, zou dat contraproductief werken. 'Meer dan de helft van de schoolgaande jeugd in Amsterdam is allochtoon,' lichtten ze hun standpunt toe. 'Als we de allochtonen niet bij onze samenleving betrekken, gaat het mis.'

Uzeyir Kabaktepe, de drijvende kracht achter de moskee, die ook reizen naar Turkije en Saoedi-Arabië verzorgde, kreeg veel lof van de bemiddelaars toegezwaaid. Een harde, integere onderhandelaar vonden ze hem. Een van de bemiddelaars – actief in de Amsterdamse homobeweging en liefhebber van een goed glas wijn – raakte met de vrome moslim persoonlijk bevriend. Kabaktepe had voor

Freek Salm geen goed woord over: 'Hij is een angsthaas die zich alleen maar aan de regels wil houden. Salm doet alsof hij een vent is maar eigenlijk is hij bang dat de buurt wordt overspoeld door al die Turken met hun vette auto's en mooie winkels.' Even pauze. 'Het is een man zonder kloten.'

Waar stond het conflict rond de Ayasofya-moskee voor? Was Salm een verkapte racist – zoals Kabaktepe suggereerde? Of had hij gelijk dat het slecht was voor de integratie als midden in zo'n gemengde buurt een orthodox-islamitisch bolwerk verrees?

## 5 Europeanen zijn ziek

Niet alleen Salm, ook veel Turken wantrouwden de Milli Görüs-beweging. Bijvoorbeeld vanwege de toespraak die Necmettin Erbakan van de Welvaartspartij eind jaren tachtig bij de opening van een moskee in Arnhem had gehouden. Die klonk nogal agressief.

'De Europeanen zijn ziek,' zei Erbakan toen. 'En wij hebben het medicijn om ze beter te maken. Geheel Europa wordt islamitisch. Wij zullen Rome veroveren. We zien dat de jeugd van Europa aan drugs is verslaafd. Meer dan de helft gebruikt opium en alcohol. Ze zijn verwikkeld in criminele activiteiten. Zij die verstand hebben roepen: Help!'

Was dat alleen peptalk voor intern gebruik? Of meende hij het?

Bij de Turken waren zowel de aanhangers van de officiële Diyanet als de agnosten beducht voor de man en zijn beweging. Rafet Kabdan, onderwijskundige aan de Universiteit van Amsterdam en oud-raadslid in De Baarsjes, was ervan overtuigd dat Milli Görüs helemaal niet wilde integreren. Kabdan: 'Ze willen de macht grijpen.' Ook in De Baarsjes had hij de strenge gelovigen als een weinig tolerante groep leren kennen: 'Als je niet een van hen bent, maken ze je het leven zuur.'

Sibel Bilgin, werkzaam aan de Universiteit van Leiden maar woonachtig in Amsterdam-West, was ook bang dat

Milli Görüs haar wil aan anderen zou opleggen. Ze stoorde zich aan de hoofddoekjes die opeens op straat te zien waren.

Yasar Üstüner had een eigen adviesbureau voor werving, selectie en training. Hij werkte onder meer voor de politie. Hij moest niets van Milli Görüs hebben: 'Hun aanhangers zijn onverdraagzaam, antisemitisch, ik beschouw ze als vijanden van de mensheid, van de democratie en ook van de islam. Ze voeden vijandelijke gevoelens.'

Üstüner refereerde aan de stad waar hij opgroeide: Sivas in Oost-Turkije. Daar waren de fundamentalisten inmiddels aan de macht. De stad was volkomen drooggelegd, zelfs het gezelschapsspel backgammon was verboden. Op zoiets zat Amsterdam-West niet te wachten.

Meneer N. wilde liever niet bij name genoemd worden. Uit angst voor represailles.

N. was midden in de dertig, econoom en gelovig moslim. Een rustige, intelligente man. Zijn vader had zich een paar jaar eerder bij Milli Görüs aangesloten en uit respect voor zijn vader deed N. mee. Het was een onaangename ervaring. N. vond Milli Görüs haatdragend en stapte eruit. Zijn vader heeft het hem nooit vergeven.

N.: 'Er wordt daar hel en verdoemenis gepredikt. Dat je niet vroom genoeg bent, dat je kind met Hollanders omgaat, dat je vrouw geen hoofddoek draagt.' Ook hij noemde Milli Görüs antisemitisch: 'Ze beschouwen de joden als de heersers van de wereld. Die zijn de grote vijand.'

Voorzitter Sabri Bagci van het Inspraakorgaan Turken (IOT) prees daarentegen het accent dat Milli Görüs legde op het vinden van concrete oplossingen voor de problemen die migranten hadden.

'De Turken die op hen afgeven moeten zich afvragen wat

zij eigenlijk aan die problemen doen. Ik zie Milli Görüs niet als gevaarlijk, je kunt gewoon met ze discussiëren.'

De aanhangers van de beweging zelf vroegen zich verwonderd af waarom iedereen nou zo bang voor hen was. Terwijl ze zo hun best deden iets te betekenen voor de Nederlandse samenleving. En voor de democratie. Bij A. Akgül, eigenaar van een klerenwinkel voor islamitische vrouwen, lagen Turkse modebladen op de toonbank met de laatste snufjes op gesluierd gebied. Hij zat ook in de deelraad De Baarsjes – voor het CDA.

De christendemocratische politicus lette op zijn woorden, want Allah luistert mee. Een keer tijdens ons gesprek nam hij per ongeluk het woord scheppen in de mond. Akgül schrok, want alleen de Schepper mag scheppen. Hij sloeg zijn hand voor de mond en corrigeerde zichzelf. 'Ik bedoelde: creëren.'

Door de perikelen rond de Ayasofya-moskee waren de betrekkingen met zijn Nederlandse collega's in de deelraad verslechterd.

'Ze zijn koeler tegen me gaan doen, hun blikken zijn veelzeggend. De Nederlanders zijn bang.'

Er heerst angst, niet alleen voor Milli Görüs maar voor de hele islam, zegt ook Useyir Kabaktepe: 'We worden geassocieerd met toestanden als in Algerije en Iran. Bestuurders als Salm denken dat ze in Teheran staan te juichen bij elke nieuwe moskee die in Amsterdam wordt geopend.' Verongelijkt: 'Milli Görüs werkt aan integratie, maar het wordt niet geaccepteerd. Ze proberen ons te isoleren. Wij zijn de nieuwe joden.'

## 6 Bidden met open handen

Dr. Wim Kuiper, onderwijswethouder van Maastricht, kon het maar niet geloven. De hoofdstad van Limburg ging een eigen islamitische school krijgen. En dat terwijl Maastricht toch maar achthonderdvijftig Turken en zevenhonderdvijftig Marokkanen telde. Dat de roep om een moslimschool toch zo luid klonk, had Kuiper verrast als 'een donderslag bij heldere hemel'.

1997 was het. De wereld raakte niet uitgepraat over het proces tegen O.J. Simpson, de tragische dood van prinses Diana en de opkomst van het Tamagotchi-ei. In Maastricht hadden honderden ouders laten weten dat ze hun kinderen nog alleen onderwijs wilden laten volgen in de geest van de profeet Mohammed ('Het vergaren van kennis is een plicht voor elke moslim,' had hij zijn volgelingen niet voor niets voorgehouden). De kinderen dreigden aan de oevers van de Maas te veel te vervreemden van hun eigen afkomst en cultuur, vonden de ouders. Gebrek aan houvast kon ertoe leiden dat ze ontspoorden, van huis wegliepen, in de criminaliteit verzeild raakten.

'Ze hadden al eerder signalen gegeven,' zei Rob Frenzel, die als ambtenaar samen met Kuiper de onderhandelingen met de Turken en Marokkanen voerde. Wat zat hen zoal dwars aan het onderwijs op bijvoorbeeld de Sint Aloysiusschool en de Sint Petrus en Paulusschool?

Frenzel: 'De ouders vonden het vervelend dat hun kinderen de christelijke feestdagen moesten meevieren. Maar nog belangrijker was oprechte ongerustheid over de toekomst van hun kinderen.'

De wethouder nam het zichzelf kwalijk dat hij die signalen zo laat had opgepikt: 'Misschien hebben we het gesprek met de ouders niet voldoende gezocht. Of waren wij en zij niet in staat goed te communiceren.'

Want aan de oprichting van de El-Habibschool was een scherp conflict voorafgegaan.

Aanvankelijk vond Kuiper dat de komst van een moslimschool te veel ten koste zou gaan van de bestaande scholen. Die zouden door de leegloop te weinig leerlingen overhouden om nog te kunnen voortbestaan. De wethouder deed van alles om de ouders op andere gedachten te brengen: als er nou een islamitische godsdienstonderwijzer kwam, konden ze zich dan niet bij de status quo neerleggen? Maar die weg liep dood: de gemeente plaatste een advertentie, maar geen enkele geschikte kandidaat reageerde.

De schooldirecties probeerden met de ouders te praten. Ze wilden weten wat er aan de hand was. De ouders lieten per brief weten dat ze aan zo'n gesprek geen behoefte hadden, niet met de leraren en niet met de directies.

Kuiper: 'Ze zeiden: als jullie niet met ons meewerken, brengen we onze kinderen met de bus naar de El Wahdaschool in Heerlen. Dat leek ons niet in het belang van de kinderen. Dus zijn we maar een gebouw gaan zoeken. Dat hebben we gelukkig gevonden, anders was de zaak geëscaleerd.' Het zat Kuiper dwars dat het zover was gekomen. Maar: 'Ik wilde niet dat de verhoudingen verhardden.'

In 1997 waren er enkele tientallen islamitische basisscholen in Nederland, de meeste in de Randstad of Noord-Brabant. Ze varieerden van groot (de As Siddieq in Amsterdam) tot heel klein (de Al Wahda in Heerlen), de lesmethoden van steng tot ontzettend streng. Over hun reilen en zeilen kwam weinig naar buiten. De El Inkade-school in Ede haalde het nieuws toen het hele docentenkorps werd ontslagen omdat het zich niet nauwgezet genoeg aan de voorschriften van de Koran hield. Af en toe meldde een – Nederlandse – lerares dat het haar moeite kostte een hoofddoek te dragen. De kwaliteit van het onderwijs deed niet onder voor de gemiddelde basisschool, zei de inspectie. Nederlands bleef een moeilijk vak voor kinderen die thuis Turks, Berbers of Arabisch spraken. Soms ontstond mot over het lesmateriaal dat in Nederland werd aangeboden. Bijvoorbeeld omdat er afbeeldingen van mensen, varkens en honden in voorkwamen – allemaal uiterst haram. Een school weigerde een 4 meipakket waarin werd verteld over de oorlog 'omdat wij een andere geschiedenis met de joden hebben'.

In Maastricht was het vooral de nadruk die de reguliere scholen legden op het vieren van christelijke feesten als Kerstmis die tot de afscheidingsbeweging leidde.

Hüseyim Külcü was voorzitter van de stichting die zich voor de komst van de islamitische school in de Limburgse hoofdstad beijverde. Hij trok persoonlijk van deur tot deur om zo veel mogelijk handtekeningen te verzamelen. De El-Habib moest er komen om bekende redenen als het behoud van de eigen identiteit en het inlopen van achterstanden maar ook (zei Külcü) 'om een ontploffing te voorkomen'.

Dreigden er dan rassenrellen in het pittoreske Maastricht? Volgens Külcü wel: het water was de ouders tot aan de lippen gestegen.

De Nederlandse juffen eisten van de Turkse en Marokkaanse kinderen volledige assimilatie, vertelde hij. Iedereen moest meedoen met kerst en Sinterklaas. En dat begon al weken van tevoren. 'Ze moesten voortdurend liedjes zingen, de hele dag lang.' Dat die feesten de gemiddelde Nederlander vooral aan zakken vol cadeautjes en schalen met kalkoen deden denken en niet in de eerste plaats een religieuze betekenis hadden, was voor Külcü geen argument.

'Hoe kunnen we er onze kinderen zo nog van overtuigen dat die feestdagen niet bij ons geloof horen? Dit is assimilatie en dat wil ik niet,' verzuchtte hij.

Eén keer liep de viering van Kerstmis op een openbare basisschool totaal uit de hand. 'Een van onze moeders wilde haar kind weghalen bij het diner maar ze werd tegengehouden. De juf zei: uw kind moet blijven.' Hij kon zich over die gebeurtenis nog steeds gigantisch opwinden: 'Hoe durfde dat mens!' Volgens hem stond de juf model voor hoe Nederlanders met moslims omsprongen. Arrogant, ongevoelig, geborneerd.

'De schoolbesturen wilden niet naar ons luisteren. Ze dachten: Eigen Volk Eerst.'

En dat gold niet alleen voor die besturen. Nederlanders en migranten gingen steeds minder makkelijk met elkaar om, signaleerde hij: 'We vertrouwen elkaar niet meer, dat is iets van de laatste tijd.'

Turkse mannen durfden niet meer in cafés als Falstaff en de Vogelstruys te komen uit angst voor racistische opmerkingen. Zijn kinderen werden gepest. Zijn vrouw durfde in haar lange jas niet op school te verschijnen.

'Nederlandse moeders maakten vervelende opmerkingen, ze vroegen of ze soms naar carnaval ging.'

Vandaar die behoefte aan een eigen bastion waar de vijandige wereld buiten de deur kon worden gehouden.

Wat hij gedaan had als Kuiper en Frenzel waren blijven weigeren? Külcü, in pluralis majestatis: 'We beschouwden het verbod op een islamitische school als een schending van de mensenrechten. In het uiterste geval hadden we asiel in België aangevraagd.'

Külcü was een schoolvoorbeeld van de ontwikkeling die veel Turken van zijn leeftijd (begin veertig) hadden doorgemaakt. Lang leidde hij een seculier bestaan. Hij zat op de middelbare school in Turkije en werkte hier in de fabriek. Külcü ('Ik ben een doorzetter') wilde per se Nederlands leren. Behalve zijn broodtrommeltje nam hij elke dag een woordenboek mee naar zijn werk. Later volgde hij de Sociale Academie. Daar las hij Marx, over dialectiek en materialisme. De 'islamiet uit gewoonte' werd overtuigd atheïst.

'Dat was de mode, ik heb er geen spijt van.'

Na het overlijden van zijn vader, eind jaren tachtig, bekeerde hij zich tot het geloof.

'Mijn vragen over de zin van het leven bleek Marx niet te kunnen beantwoorden.' Opeens viel het kwartje: 'De Nederlanders hebben mijn vader zo slecht behandeld. Hij woonde in barakken. Hij werkte in een conservenfabriek. En weet je wat hij daar moest doen? Hij moest varkensvlees verpakken.'

Bij het openbare en rooms-katholieke onderwijs bleef men na de actie van Külcü enigszins onthredderd achter. Directeur Chris Roes van de Sint Theresiaschool zag het grootste deel van zijn allochtone leerlingen opeens vertrekken. En hij had geen idee waarom.

'Ik heb nooit klachten gehad. Nu ook niet.'

Het stoorde hem dat de ouders nooit contact met hem hadden gezocht. Niet over het schoolregime, niet over de leerprestaties van hun kinderen en nu ook weer niet: 'Om hen heen is een muur van ondoordringbaarheid.'

Had hij de afscheiding niet kunnen voorkomen?

'Misschien was het beter geweest meer aandacht aan de islamitische feestdagen te schenken. Misschien hadden we zelf moeten vragen: zit je iets dwars?'

Ambtenaar Rob Frenzel hield vol dat de reguliere scholen wel degelijk hun best hadden gedaan om de allochtone leerlingen binnenboord te houden: 'Natuurlijk hielden de scholen rekening met ze. De kinderen mochten tijdens het gebed de handen openhouden. Voor veel moslimkinderen was dat voldoende.'

Chris Roes merkte op dat de allochtonen bezig waren zich steeds meer op hun eigen eilandje terug te trekken. Angst voor de toenemende rassenhaat was de belangrijkste factor, dacht hij. De schooldirecteur ergerde zich eraan dat Nederlandse ouders regelmatig zeiden dat 'den Turk' hun kind had geslagen. Hij schrok als hij op een verjaardag merkte dat zijn vrienden en kennissen alle Turken de zee in wensten. Maar de oprichting van een aparte school maakte het probleem alleen maar groter, vond hij.

'Op deze manier breekt er binnen drie jaar oorlog tussen de katholieken en moslims uit. Ik weet het zeker.'

## 7 De dood van Sereso

De Kinderboom stond in een buurt waar binnen een paar jaar de hele bevolking van samenstelling was veranderd. Huizen die voor arbeiders met één vrouw en twee kinderen waren gebouwd, werden nu bewoond door grote allochtone gezinnen. Iedereen klaagde dat de buurt door de gemeente als een dumpplaats voor moeilijke gevallen werd gebruikt. Vaker dan vroeger vonden er schietpartijen op straat plaats. Bij een Marokkaans gezin werd een molotovcocktail naar binnen gegooid.

De meesters en juffen van De Kinderboom, een protestants-christelijke basisschool in Amsterdam-Noord, waren niet altijd tegen die verharde situatie opgewassen.

Najaar 1998 dreigde de moeder van Roy, een Surinaams jochie van tien, een van de leerkrachten wegens mishandeling bij de politie aan te geven. Roy was brutaal geweest in de klas. De leerkracht had hem stevig beetgepakt en hem indringend toegesproken. Het shirt van Roy was ten gevolge hiervan drie millimeter gescheurd. De volgende dag eiste zijn moeder driehonderd gulden schadevergoeding. Toen directeur Joost Nolting duidelijk maakte daar niet op in te zullen gaan, dreigde ze met gerechtelijke stappen.

Niet veel later liepen twee stevige politieagenten De Kinderboom binnen. Niet om Nolting ter verantwoording te roepen, maar om Roy te arresteren. Roy had de avond ervoor in de speeltuin ruzie gekregen met een ander jongetje. Hij ging naar huis, pakte een mes, kwam terug en stak het jongetje neer.

Roy werd uit de klas gehaald. De agenten namen hem mee.

Nolting en zijn collega-directeur Sylvia Rietveld namen het achteraf voor het Surinaamse jongetje op. Ze wisten dat hij het thuis moeilijk had. Zijn alleenstaande moeder zat in de prostitutie en had haar zaak aan huis. Zelfs de politie schrok van de manier waarop Roy moest leven.

'Geen wonder dat hij zich op school moeilijk gedroeg,' zei Nolting. 'Hij was nauwelijks aanspreekbaar, luisterde nooit en gedroeg zich vaak agressief.'

'Voor de politie was De Kinderboom inmiddels een bekend adres. De jongste arrestant tot nu toe was vijf jaar,' vertelde Rietveld.

'Hij jatte van alles, ook uit de tas van de juf. Ik heb het bureau gebeld, hij werd in de handboeien geslagen en weggevoerd. Ik vond het vreselijk. De tranen rolden over mijn wangen.'

Een Turkse vader en moeder hielden hun kinderen al een paar dagen thuis. Nolting en Rietveld begrepen waarom. De vader was betrokken geweest bij een schietpartij, een afrekening binnen het criminele milieu. Nu waren de ouders bang voor represailles.

'We hebben dit jaar veel meegemaakt,' zei Nolting.

'Sommige leerkrachten haken af,' verzuchtte Rietveld. 'Het wordt steeds moeilijker mensen te vinden die bij De Kinderboom willen werken.'

De verschrikkelijkste gebeurtenis voor De Kinderboom was de dood van de achtjarige Sereso. Hij werd samen met zijn moeder en kleine broertje doodgeschoten door de vriend van de moeder, die zichzelf vervolgens van het leven beroofde. De lichamen werden pas na tien dagen gevonden toen de benedenburen bruine vlekken in het plafond zagen verschijnen.

Sereso was een van de lievelingsleerlingen, zijn foto hing op de directiekamer. De school wist dat er thuis grote problemen waren. Maar was het wel de taak van een onderwijsinstelling om daarin te gaan wroeten? Nolting en Rietveld vonden van niet. De moeder van Sereso meldde hem ziek. Later die week was een leerkracht langsgegaan. Toen niemand opendeed, werd het huiswerk in de brievenbus gestopt.

Rietveld hield zichzelf voor dat de school genoeg pogingen had ondernomen om Sereso te bereiken. Nolting vroeg zich nog steeds af of hij niet méér had moeten doen.

'Waar ik na zijn dood van schrok,' vertelde Rietveld, 'was dat zo veel andere kinderen ook bang bleken te zijn. Ze denken dat zoiets hun ook kan overkomen. Ze voelen zich onveilig thuis.'

Laatst was er weer een meisje tien dagen lang niet op school verschenen. Verontrustend, vond Nolting: 'Want kinderen zijn bijna nooit langer dan vier dagen ziek.' Haar moeder, een vriendin van de omgekomen moeder van Sereso, kwam op dag elf overstuur de school binnenrennen.

'Ik word bedreigd door mijn vriend,' riep ze.

Rietveld sloot meteen de voordeur van de school, maar de vriend verschafte zich toegang via de achterdeur. De vrouw dook doodsbang onder de directietafel.

'Die man dreigde haar hetzelfde aan te doen als Sereso en zijn moeder,' zei Rietveld geschokt.

Door alle incidenten was ze zo beroerd geworden dat ze zich ziek meldde.

'Je hoort op zo'n moment door te gaan, maar ik kon niet meer. Thuis heb ik diep en lang nagedacht: wil ik dit eigenlijk wel?' Haar conclusie was dat ze haar verwachtingen moest bijstellen: 'Vroeger was lesgeven een roeping en nu is het ploeteren. Ik praat al een tijdje met een psycholoog van de arbodienst en dat helpt.'

De leerkrachten hebben inmiddels een training gevolgd in omgaan met geweld.

'We doen er alles aan om te bevorderen dat onze mensen zich veilig voelen,' verzekerde Nolting. 'We hebben alarmschakelaars geïnstalleerd en in het bijgebouw dragen de leerkrachten een mobiele telefoon op zak.'

In 1998 gebeurde er in de wereld veel dat de aandacht afleidde van de problemen die een paar meesters en juffen in Amsterdam-Noord hadden met hun arbeidssatisfactie. President Clinton ontkende seks te hebben gehad met stagiaire Monica Lewinksy en dat volgde men ademloos. Net als de aanslagen van Al Qaida op de Amerikaanse ambassades in Kenia en Tanzania en de daaropvolgende bombardementen op terroristenkampen in Afghanistan. Positief nieuws kwam uit Noord-Ierland waar protestanten en katholieken het Goede Vrijdagakkoord met elkaar sloten.

In Den Haag was alles nog pais en vree. Bolkestein vertrok en droeg de fakkel over aan de goedlachse Hans Dijkstal. Het eerste paarse kabinet werd opgevolgd door het tweede paarse kabinet met daarin voor het eerst een minister die verantwoordelijk was voor het Grote Steden en Integratiebeleid: D66'er Roger van Boxtel. Die publiceerde nota's met optimistische titels als 'Kansen krijgen, kansen pakken'. Volgens de onderzoeken die het Sociaal en Cultureel Planbureau sinds een paar jaar deed, liep het niet over de hele linie slecht met de integratie van minderheden in de Nederlandse samenleving. Onstuimige economische groei zorgde voor een toenemend aantal banen. Ook Turken en Marokkanen konden daarvan profiteren. Wie zich op de vrije markt niet kon bewijzen, kreeg van de overheid een melkertbaan.

Rechts-extreme partijen als de Centrumdemocraten waren bij de verkiezingen van 1998 uit de Kamer verdwenen. Daartegenover stond het rumoer dat de groeiende stroom asielzoekers uit landen als Irak, Afghanistan en Somalië veroorzaakte. De overheid was nauwelijks in staat ze fatsoenlijk op te vangen. Na de maïsvelden waar minister D'Ancona de asielzoekers wegens gebrek aan bedden instuurde, haalden nu de lekkende tenten van de nieuwe staatssecretaris Job Cohen de voorpagina's. *De Telegraaf* meldde boos over een ondankbaar Somalisch gezin dat een fiets had geweigerd.

Dat de immigratie niet werd afgeremd, was niet bevorderlijk voor de integratie van de minderheden die hier al sinds jaar en dag woonden. Begin jaren negentig was dat al opgemerkt door minister van Binnenlandse Zaken Ien Dales, die tegen de Kamer zei: 'Het is lastig soep maken als anderen voortdurend koud water in de pan gooien.'

Volgens opiniepeilingen uit de tweede helft van de jaren negentig vroegen steeds meer autochtonen zich af wanneer er nou eens een einde kwam aan die bonte stoet nieuwe Nederlanders. Behalve het SCP peilde ook het NIPO voortdurend de mening van de gewone man. Het resultaat: het percentage dat migratie toejuichte daalde van 18 procent (in 1993) tot 3 procent. Het percentage dat migratie afwees, steeg in dezelfde periode van 50 naar 74 procent. De meeste Nederlanders hadden er op dat moment nog steeds geen moeite mee een buitenlander als collega op het werk te hebben. Een buitenlander als buurman lag al wat gevoeliger. Maar liefst 89 procent van de respondenten vond in 1998 dat er maatregelen moesten worden genomen om de toevloed van immigranten en asielzoekers te beperken.

'Grijp je kansen!' hield de paarse minister Van Boxtel de gastarbeiders en hun kinderen ondertussen voor. Op de arbeidsmarkt lukte dat – tijdelijk, zoals later zou blijken. Bijna ongemerkt zette de segregatie zich door. Wie na gedane arbeid weer naar huis ging, bleef terechtkomen in buurten waar de blanken waren weggetrokken. Buurten waar de criminaliteit hoger was dan gemiddeld. Kinderen die in een zwarte buurt woonden, bezochten ook een zwarte school. Behalve de blanke kinderen, die doorgaans naar een witte onderwijsinstelling uitweken. Tegen het eind van de twintigste eeuw bestonden er al vijfhonderd zwarte scholen in Nederland. In steden als Amsterdam en Rotterdam waren ze zelfs in de meerderheid. De gevolgen van de maatschappelijke tweedeling kwamen terecht op de schouders van de leerkrachten.

## 8 Een klas vol lege ogen

Niet alleen Joost Nolting en Saskia Rietveld van De Kinderboom, ook lerares Miranda van De Kraanvogel in Amsterdam-Oost had het er moeilijk mee: 'De Haagse politici verzinnen van alles om de problemen op te lossen en verwachten van ons dat we het uitvoeren. Ze willen dat we ontbijt serveren aan kinderen die niet hebben gegeten en bedden neerzetten voor kinderen die slaap tekort komen. Je wordt er gek van. Wij moeten alles zien op te lossen.'

In de bescheiden docentenkamer van De Kraanvogel zaten Miranda en haar collega's bij elkaar. Jonge, enthousiaste leerkrachten die de wanhoop nabij waren.

Jobbe: 'Ik heb het idee dat ik geen greep meer op de kinderen heb. Wat ik ook doe, ze luisteren niet. De een zit achterstevoren, de ander strikt zijn veters, een derde roept dat hij wil tekenen. Ik word er moedeloos van. Daarom geef ik ze af en toe een cursus luisteren. Dan moet alles van tafel, haarband, pennen. Ze moeten rechtop zitten en zich concentreren op wat ik zeg.'

Marjolein: 'Het is soms net alsof je vijfentwintig ballen in je handen hebt. Als je één opraapt, valt een ander op de grond.'

Miranda: 'Je gaat aan jezelf twijfelen. Je vraagt je af: ligt het aan mij?'

Jobbe: 'De kinderen hier kunnen zich niet meer in een

ander verplaatsen. Daar draait het allemaal om. Ik moet altijd dreigen. Laatst gaf ik een dictee. Ik heb ze alle zevenentwintig elk woord een keer laten herhalen.'

Marjolein: 'Ze schreeuwen door de klas. Dat doen ze omdat ze niets anders gewend zijn. Het gebeurt thuis ook.'

Miranda: 'Aan het eind van de dag ben ik totaal kapot. Soms denk ik dat ik hen in mijn eentje moet opvoeden. Dan denk ik: Jezus, kunnen ze dat thuis niet leren?'

Marjolein: 'De ouders houden zich nooit aan afspraken, ze lezen je briefjes niet, vergeten regelmatig de kinderen op te halen. Soms vallen de kinderen in slaap omdat ze te laat naar bed zijn gegaan.'

Niet veel vrolijker klonk directeur Co Kenter van basisschool Het Vogelnest, net als De Kinderboom gelegen in Amsterdam-Noord. 'Ik voel me uitgeknepen. Mijn adjunct, een heel idealistische man, is overspannen en komt niet meer terug.'

Kenter zat al zesentwintig jaar in het vak maar had voor het eerst het gevoel dat alles uit zijn handen viel.

'Mensen komen hier met al hun problemen: het saneren van schulden, belastingpapieren. Ik wil dan over hun kinderen praten, maar zij zitten met hun eigen sores. Je hebt kinderen die na drieën op school willen blijven omdat zich thuis toch niemand om hen bekommert. Kinderen kunnen drie, vier keer door de politie worden opgepakt zonder dat de ouders in actie komen. Gisteren nog liep een jongetje van zes hier om halftwaalf 's avonds over straat. Ik zei dat hij naar huis moest maar hij luisterde niet eens. Een nieuw fenomeen zijn de kinderen die met luiers om op school komen, omdat ze nog niet zindelijk zijn. Het wordt alsmaar erger. En waarom? Omdat de ouders niet op hun verantwoordelijkheden worden gewezen.'

Kenter schrok van zijn eigen woorden: 'Ik lijk wel in een rechtse bal veranderd! Maar ik vind echt dat die ouders geconfronteerd moeten worden met hun tekortkomingen. Dat is mijn enige hoop. Als ze niet worden aangepakt, redden we het niet. Hun ouderlijk gezag faalt en wij branden daardoor af.'

Mevrouw Haddaui was er niet op de tijd die we hadden afgesproken. Haar zoontje Shafik van acht stond te kleumen voor de deur. Het was lunchpauze en dan ging hij altijd naar huis. Overblijven op De Kinderboom kostte anderhalve gulden. Te veel voor mevrouw Haddaui, die van een uitkering leefde en daarvan vier opgroeiende zoons moest zien te onderhouden. Shafik wachtte in het portiek. Als hij terug liep naar school, moest hij buiten blijven tot de pauze voorbij was.

Hard, vond directeur Nolting dat van zichzelf. 'Maar dit komt zoveel voor, ik kan er echt niet aan beginnen ze binnen te laten.'

Vijf minuten later kwam Shafiks moeder alsnog thuis: een modern geklede vrouw van Marokkaanse komaf die gebrekkig Nederlands sprak. Volgens de school werd ze van alle kanten bij de opvoeding van haar kinderen bijgestaan: er cirkelden elf hulpverleners om haar heen. Die middag ging de maatschappelijk werkster met de jongens zwemmen. Twee keer per week werd de benjamin opgevangen in het Boddaert-centrum voor kinderen uit achterstandsgezinnen. De twee oudsten zaten op een ZMOK-school voor moeilijk opvoedbare kinderen. Shafik stond daar al op de wachtlijst.

Mevrouw Haddaui bakte patat. Shafik liet ondertussen de blauwe plekken zien die het vechten op straat op zijn been hadden achtergelaten. 'Ze dagen me altijd uit,' zei hij.

Vroeger zaten haar jongens vaak op het politiebureau, vertelde mevrouw Haddaui, maar dat was nu gelukkig minder. 'Ik wil graag werken,' voegde ze daaraan toe. 'Maar ik kan niets vinden.' Stilte.

Dan resoluut: 'Vandaag ga ik naar het arbeidsbureau.' En alsof ze zich het voor het eerst realiseerde: 'Maar ik kan niet lezen! Ik ben al lang ziek. Nu slik ik pillen, doe ik dat niet, dan kan ik niet slapen, en dan ben ik niet goed in mijn hoofd. Dit is een zwaar leven.'

Scholen als De Kinderboom, De Kraanvogel en Het Vogelnest moesten anders gaan werken, vond orthopedagoog Jacques Roozendaal. Hij gaf trainingen aan leerkrachten die niet wisten wat ze aanmoesten met moeilijke ouders en gedragsgestoorde kinderen. Het eerste advies dat hij hen gaf: richt je vooral op waar je goed in bent, kennis overdragen. Hoeveel moeite dat ook kost. Roozendaal noemde de leerkrachten op zwarte scholen 'emotioneel overbelast': 'Bij kinderen met problemen denken ze dat ze moeten helpen, want niemand anders doet het. Dat is een valkuil, want dat is hun vak niet.'

De klacht die Roozendaal voortdurend hoorde was dat kinderen op die scholen anders reageerden dan vroeger. Hij noemde dat een 'gebrek aan wederkerigheid'. De orthopedagoog: 'Leraren zeggen: ze kijken me met van die lege ogen aan, ik krijg geen contact. Kennelijk verwachten ze iets dat er niet is. De situatie thuis is zo rottig dat die kinderen niet anders kunnen.' Hij begreep de kids wel. Op straat was hun gedrag adequaat, daar moest je je niet kwetsbaar opstellen als je wilde overleven. Daar sloeg je voordat je zelf werd geslagen. Dat soort overlevingsstrategieën namen ze nu de klas mee in. Roozendaal: 'De werkelijkheid is niet meer die van Dik Trom.'

## 9 De blinde vlek van de elite

Aan de rand van de Amsterdamse buurt De Pijp woont publicist Paul Scheffer. Hij had al een veelbewogen leven achter de rug (studentenactivist in Nijmegen, lid van een communistische partijcel in Parijs, sympathisant van de dissidenten in Polen en op Cuba, auteur in onder meer *De Groene Amsterdammer*) toen NRC *Handelsblad* hem vrijstelde voor het schrijven van gezaghebbende essays.

Scheffer boog zich over het Oost-Westvraagstuk en de positie van Nederland binnen Europa. Hij kreeg steeds meer aversie tegen het gemakzuchtige kosmopolitisme van de linkse elite die de toon aangaf in de Amsterdamse grachtengordel en binnen zijn eigen partij, de PvdA. Termen als de natiestaat en de identiteit van Nederland waren voor Scheffer niet langer taboe. Hij nam het links Nederland kwalijk dat daar niet werd nagedacht over de gevolgen van het streven naar een wereld zonder grenzen.

In januari 2000 presteerde hij wat bijna geen enkele intellectueel eerder was gelukt: zijn essay 'Het multiculturele drama' zette heel denkend en politiek bedrijvend Nederland op zijn kop.

Het land telde inmiddels een kleine anderhalf miljoen allochtonen, schreef hij, maar niemand die het interesseerde wat er van hen terecht moest komen. Volgens Scheffer was een etnische onderklasse ontstaan: werkloosheid, armoede, schooluitval en criminaliteit – alle plagen van Egypte kwamen in de buurten waar de migranten woonden samen. Er hadden zich nog geen rassenrellen voorgedaan, maar de vraag was hoe lang die zouden uitblijven. Veel jonge migranten koesterden wrok tegen de westerse samenleving en omhelsden een geloof (de islam) dat de scheiding van kerk en staat niet erkende en de rechten van de vrouw niet respecteerde. De regering dacht dat je er met verzoenende taal en overlegcircuits kwam. Scheffer trok dat in twijfel. In werkelijkheid werd de kloof groter: 'Men leeft goeddeels langs elkaar heen en kijkt veel de andere kant op, maar er zijn culturele verschillen die niet vatbaar zijn voor plooien, schikken en afkopen.'

Voor Scheffer was de multiculturele samenleving 'als een kaartenhuis' in elkaar gestort. Sterker nog: hij voorzag oorlog als er niet wat gebeurde. 'Het multiculturele drama dat zich voor onze ogen voltrekt vormt een bedreiging voor de maatschappelijke vrede.'

Op zijn studeerkamer met uitzicht op de prijzenkraker Lidl (waar multicultureel Amsterdam de hele dag stond in en uit te laden) motiveerde Scheffer waarom hij zijn artikel had geschreven: 'Ik zag een maatschappelijke elite, in politiek, bedrijfsleven en cultuur, die was losgezongen van de samenleving en zich had vereenzelvigd met een soort kosmopolitisch denken: ze noemden zich wereldburger, ze geloofden in een wereld zonder grenzen. Die elite begreep niet dat een groot deel van de bevolking, niet alleen de losers maar ook de middenklasse, het bestaan van grenzen ook als iets beschermends zag. De weigering om daarover na te denken, kan ertoe leiden dat er politici opstaan die zeggen: grenzen dicht. Mensen willen vrij zijn én beschermd worden tegen de gevolgen van die vrijheid. Dat is het paradoxale. Mijn stelling is dat een slecht doordacht kosmopolitisme alleen maar een populistische reactie veroorzaakt.'

Hij was niet onder de indruk van critici die hem na zijn NRC-essay benepen denken en provincialisme verweten: 'Ik denk dat het een misverstand is de zorgen van de bevolking als provincialisme en een naar binnen gekeerde houding af te doen. Als je dat als provincialisme kwalificeert, heb je echt een essentiële ontwikkeling gemist.'

Hij zag een parallel tussen het Europese idealisme dat door Nederland lang was gekoesterd en het debat over de multiculturele samenleving.

'Over beide onderwerpen heeft de elite gezegd: als we het maar goed uitleggen, dringt het belang ervan op een bepaald moment wel tot de bevolking door. Maar als je er twintig jaar lang niet in slaagt iets uit te leggen, kan dat niet alleen komen door gebrek aan pedagogisch talent. Dan heb je met weerbarstige vraagstukken te maken. Het ís onzeker waar de Europese eenwording op uitloopt. Het ís niet waar dat de multiculturele samenleving alleen zegeningen brengt. Dan moet je niet tegen mensen zeggen: je moet je nu een wereldburger voelen. De globalisering is niet alleen uitnodigend en interessant maar ook bedreigend. En dat moet je óók willen zien. We moeten ontnuchteren.'

Provincialisme en benepenheid waren nog maar een paar van de verwijten die de denker uit De Pijp na de publicatie van zijn NRC-artikel te incasseren kreeg.

Boos waren Turkse en Marokkaanse jongeren die wel de hogeschool of universiteit hadden bereikt. Waarom kwamen zij niet in zijn verhaal voor? Gepikeerd reageerden iconen van de multiculturele gedachte als Femke Halsema

('De linkse elite heeft haar kop niet in het zand gestoken') en Hans Dijkstal, die het essay omschreef als 'hele grote, hele lege woorden'.

Feller van leer trok hoogleraar aan de Universiteit Nijenrode en NRC-columnist Eduard Bomhoff. Hij noemde Scheffer een sociale conservatief die zich arrogant en superieur gedroeg tegenover andere religies en culturen.

Van regeringskant verklaarde minister Van Boxtel dat hij de zorgen van Scheffer deelde maar niet diens 'verslagenheid'. Hij benadrukte de bemoedigende ontwikkelingen die er waren: 'Plat Haags sprekende jongeren van Marokkaanse komaf draaien geen Mozart of Mantovani maar raimuziek. Dat is geen teken van desintegratie. Het bewijst juist dat ze echte Haagse jongens zijn geworden.'

Dat er problemen bestonden, ontkende hij niet: de werkloosheid onder allochtonen was teruggelopen maar nog altijd vier keer zo hoog als onder autochtonen. Te veel ouders en kinderen spraken gebrekkig Nederlands. Buurten in de grote steden waren eenzijdig samengesteld. Het merendeel van de Marokkaanse en Turkse jongeren trouwde met iemand uit het moederland die hier ook weer van voren af aan moest beginnen. Dat maakte het niet makkelijker. Toch mocht Scheffer wel wat meer vertrouwen hebben in het in gang gezette beleid: sinds 1998 waren er inburgeringscursussen, er werd geïnvesteerd in peuterspeelplaatsen en voorschoolse opvang.

Over het misschien wel meest essentiële onderdeel van Scheffers betoog (autochtonen en allochtonen groeien in religieus en cultureel opzicht snel uit elkaar) had de bewindsman weinig te melden. Hij had het over gedeelde normen en waarden en hoffelijk en civiel met elkaar omgaan en ruimte voor eigen cultuuruitingen en dan bedoelde hij niet 'een Berberversie van de Gijsbrecht van Amstel of Um Kalsum binnen de grachtengordel'. Dat was het zo'n beetje.

Ook het Kamerdebat dat in april 2000 over de kwestie werd gehouden, ademde een geest van: als we maar praktische sociaaleconomische maatregelen nemen, komt het wel goed. Niet de woordvoerders minderhedenbeleid maar de fractievoorzitters namen deel aan dat debat – een unicum in het Haagse wereldje. De meesten waren het overigens met minister Van Boxtel eens dat Scheffer de situatie wel heel zwart afschilderde.

De geachte afgevaardigde Melkert (PvdA): 'Het gaat er niet om de problemen maar de kansen voorop te stellen.'

De geachte afgevaardigde Rosenmöller (GroenLinks): 'Ik wil een sprankje multiculturele hoop stellen tegenover een massief geformuleerd multicultureel drama.'

De geachte afgevaardigde Dijkstal (vvd) ontleende een sprankje hoop aan 'al die succesvolle voetballers en succesvolle zangers, het lekkere eten, de mooie kleding'.

De politici gingen ook wel eens het land in en maakten daar hele andere dingen mee dan de nrc-essayist. Ad Melkert had net een uitvoering op het Berlage Lyceum in Amsterdam bijgewoond, verzorgd door kinderen uit Suriname, Colombia, Turkije, Marokko, Afghanistan, Ghana en de Filippijnen. Het had hem diep ontroerd. Paul Rosenmöller was in Capelle aan den IJssel waar negen Antilliaanse vrouwen net een cursus empowerment hadden afgerond. Hij mocht het certificaat uitreiken. Hans Dijkstal had in de hoofdstad een school voor Chinese koks geopend. Daar liep het goed!

Bijval kreeg Scheffer vooral van bijna-naamgenoot Jaap de Hoop Scheffer van het cda. Het minderhedenbeleid was te vrijblijvend geweest, vond de christendemocraat. Nederland had het belang van zijn eigen cultuur en identiteit meer moeten benadrukken. Want nu waren de nieuwkomers in de war geraakt over wat hier van hen werd verwacht. Volgens De Hoop Scheffer zat het grootste probleem bij ouders en kinderen die de Nederlandse taal niet machtig waren. Zijn oplossing: 'Taal, taal en nog eens taal.'

Thom de Graaf van D66 signaleerde dat er niet te weinig maar te veel minderhedenbeleid was gevoerd. Door instanties die van elkaar niet wisten waar ze mee bezig waren: de arbeidsvoorziening, opleidingscentra, consultatiebureaus, het bureau nieuwkomers, de sociale dienst. Allemaal werkten ze langs elkaar heen.

Jan Marijnissen van de SP zag in het artikel van Scheffer bevestigd wat hij altijd al verkondigde: iedereen had het over integratie maar in de praktijk tekende zich segregatie af. De SP-voorman: 'De huidige ontwikkelingen zullen ons brengen in de richting van getto's, feitelijke apartheid en een kastenmaatschappij.'

Toen de Kamer uiteenging, was consensus bereikt over het belang van inburgeringscursussen en het leren van de Nederlandse taal.

Al snel zou blijken dat dat niet voldoende was.

## 10 Een open zenuw

In de zomer van 2002 – na zijn aftreden als minister – keken we met Roger van Boxtel terug op het Scheffer-debat. Toen de oud-organisatieadviseur en wonderboy van de D66-Tweede Kamerfractie Grote Steden en Integratiebeleid kreeg toebedeeld was hij apetrots, vertelde hij. Om de komst van het tweede paarse kabinet te vieren maakte hij samen met de nieuwe minister van Ontwikkelingssamenwerking Eveline Herfkens nog een rondedansje op het bordes van het Paleis. Dat oppositieleider De Hoop Scheffer suggereerde dat hij er voor spek en bonen bij zat (Van Boxtel was minister zonder portefeuille) deed hem niets. De problemen in de grote steden, de integratie van minderheden – de doener Van Boxtel vond het super.

'Ik heb geen moment geaarzeld om minister te worden,' zei hij. 'Ik vond het prachtig om te doen.'

Al snel bleek het integratiebeleid weerbarstige materie. Van Boxtel wilde voor nieuw elan zorgen.

'Ik heb meteen Hugo Fernandes Mendes, de directeur Minderheden, bij me geroepen. Ik zei: het roer moet om, het beleid moet minder ambtelijk worden. We publiceerden de nota 'Kansen krijgen, kansen pakken'. Daar stonden wel zeventig actiepunten in opgesomd. Ik heb geprobeerd het kabinet ervan te overtuigen dat Nederland een immigratieland is. Dat de buitenlanders niet meer weggaan. Op werkbezoek sprak ik met Jan Rap en zijn maat en niet alleen met de bobo's. Ik wilde diep de samenleving ingaan.'

Maar zijn activistische opstelling stuitte op veel weerstand bij ministeries die vonden dat de multiculturele samenleving hun terrein was. Van Boxtel wilde over de nieuwe Vreemdelingenwet van staatssecretaris Cohen meepraten, maar de ambtenaren van Justitie zeiden: waar bemoei je je mee? Sociale Zaken was druk bezig de arbeidsbureaus en de sociale diensten in elkaar te schuiven en raakte geïrriteerd als Van Boxtel weer over zijn minderheden begon.

'Sommige voorstellen haalden het kabinet niet eens omdat ik al vastliep bij de ambtelijke voorbereiding. De luiken bleven dicht. Vaak was iedereen het met me eens, maar gingen er weken voorbij zonder dat er iets gebeurde. Dan werd het weer in die ambtelijke molen gesmoord. Ik kreeg voortdurend te horen: je bemoeit je met een ander z'n terrein. Dan zat ik aan Bram Peper, dan aan Karin Adelmund. Ik zat altijd wel aan iemand.'

De grote steden werkten net zo bureaucratisch als de Haagse departementen.

'Ik ging niet over de politie maar wilde wel dat ze ervoor zouden zorgen dat de criminaliteit in de oude wijken afnam. Ik heb zelf een methode ontwikkeld: "Buurt aan zet". Waarbij de bewoners het grotendeels voor het zeggen kregen. Een soort arbeiderszelfbestuur. Minister Zalm van Financiën gaf me honderd miljoen euro om dat uit te voeren. Toen kreeg ik de gemeentebesturen over me heen. Waar ik me nu weer mee bemoeide? Vaak duurde het jaren voordat er iets met het geld dat naar de gemeenten werd overgemaakt gebeurde. Bij een bezoek aan Almelo vroeg ik de bewoners of ze al wat hadden gezien van de zeventig miljoen die ze in drie jaar tijd hadden gekregen. Er bleek nog alleen een fietscursus voor allochtone vrouwen te zijn georganiseerd en verder niets. Het liep steeds stuk op de bureaucratie.'

Gebrek aan coördinerende bevoegdheden was achteraf nog het geringste probleem waar Van Boxtel mee worstelde. Sinds hij minister af was, besefte hij dat Nederland te lang te nonchalant was omgesprongen met de honderdduizenden immigranten die we hier opnamen.

'Wat in dertig jaar verkeerd is gegaan, kon ik niet in vier jaar verhelpen,' zei hij. 'We hebben een beleid gevoerd dat echt absurd was. Je liet mensen toe en borg ze tijdenlang op in een asielzoekerscentrum waar ze de hele dag niets zaten te doen. Dan kregen ze een verblijfsvergunning en zeiden we van de ene dag op de andere: nu moet u volwaardig aan de Nederlandse samenleving meedoen. Vier, vijf jaar lang maakten we ze kapot en dan gingen we er over zitten klagen dat ze niet meteen een baan vonden. Ons opvangmodel is heel lang heel fout geweest. We hebben ook nooit gedacht dat er zo veel immigranten zouden komen. Ik ben zelf in de jaren tachtig bij de opvang van de Tamils betrokken geweest, maar je had er toen geen idee van dat er ook nog Afghanen, Bosniërs, Angolezen en Ghanezen zouden volgen.'

En dat waren nog alleen de asielzoekers. Tweederde van de migranten die in de jaren negentig werd toegelaten (op het hoogtepunt 40.000 mensen per jaar) bestond uit bruiden, kinderen en andere verwanten die uit Turkije en Marokko hiernaartoe werden gehaald.

In Den Haag ontbrak het aan samenhangend beleid, vond Van Boxtel: 'Je had de asielzoekers, je had de gastarbeiders en die werelden zijn nooit met elkaar in verband gebracht. We hebben de immigratie veel te versnipperd aangepakt.'

Te veel bureaucratie. Overheden die elkaar tegenwerkten. Een te versnipperd beleid. Het was niet het enige waar Van Boxtel over inzat. Tijdens zijn ministerschap merkte hij hoe snel de spanningen tussen autochtonen en allochtonen opliepen.

Hij wist hoe er geklaagd en gekankerd werd. Door de vrouw van de sigarenwinkel in Enschede die hem vertelde dat de Turkse jongens uit de buurt zeiden: 'Over tien jaar zijn wij hier de baas.' Door de man in Amsterdam-Noord die rapporteerde dat zijn zoontje het buurtcentrum niet meer in durfde omdat daar alleen Marokkanen kwamen. Door die man die bij een televisiediscussie uitriep dat ze alle buitenlanders naar een onbewoond eiland moesten deporteren. Maar Van Boxtels missie was: je moet autochtonen en allochtonen toch met elkaar in gesprek proberen te brengen. 'Ik wilde niet meegaan in die platte stigma's en generalisaties.'

Voorjaar 2000 was het niet de bewindsman van Grote Steden en Integratiebeleid maar de publicist Scheffer die de segregatie en verpaupering aan de kaak stelde. Pas toen schreven de media erover. Pas vanaf dat moment verdrongen de fractieleiders in de Tweede Kamer zich achter de microfoon. Tot ergernis van Roger van Boxtel, die niet begreep waarom het nu opeens wél een issue was.

'Ik zal van mijn hart geen moordkuil maken: ik had behoorlijk de pest in over dat artikel van Scheffer. Inhoudelijk was ik het niet met hem eens. Ik vond het woord 'drama' te zwaar. Ik heb hem in de NRC meteen van repliek gediend, maar niemand die het daarover had. Kennelijk was wat ik zei niet interessant terwijl Scheffer het ei van Columbus had uitgevonden. Oké, hij had een open zenuw geraakt. Dat ontken ik niet. Waar ik mee zat was: ik ben nu al een tijd lang minister van Integratiebeleid maar zo veel belangstelling heb ik nooit gekregen. Hoe kon het dat dat Scheffer wel lukte? Ik had kennelijk iets laten liggen. Misschien heb ik te weinig hardop uitgesproken waar de problemen zaten.'

## 11 Nederland lijkt gek geworden

'Mijn herinnering aan 11 september is een nogal surrealistische,' aldus Roger van Boxtel. 'Ik was die dag op de Antillen om over de oprichting van een slavernijmonument te praten. Ze hadden me uitgenodigd om de opening van de Staten bij te wonen. Gouverneur Saleh hield een toespraak en ik zat naast minister-president Pourier op de eerste rij. Opeens kwam er een man binnen die zei: er is iets ergs in Amerika gebeurd. We zijn televisie gaan kijken en we zagen het tweede toestel het World Trade Center binnenvliegen. Het was te onwerkelijk voor woorden. Meteen daarna ben ik doorgereisd naar Suriname. Onder meer voor een bezoek aan de bosnegers in de binnenlanden. Je komt daar op een andere planeet terecht. Er was geen televisie, geen contact met de buitenwereld, geen telefoon. Ik moest hun vertellen wat er in New York was gebeurd. De bosnegers hebben toen uit respect voor de slachtoffers op mijn verzoek wel twee minuten stilte in acht genomen.'

Anders dan voor de bewoners van het Amazonegebied is het leven van een Nederlandse minister hectisch, dus even later zat hij alweer in het vliegtuig naar Den Haag: 'Daar heerste totale ontreddering. Mijn eerste zorg was: wat gaat dit voor de beeldvorming van de minderheden betekenen? Zullen ze zo verstandig zijn zich van de aanslag te distantiëren? Ik heb tegen hun voormannen gezegd: je moet daar afstand van nemen en niet één keer, maar luid en duidelijk. Dat liep moeizaam. Sommige moslims wilden me van de positieve kant van de aanval overtuigen. De Amerikanen deelden te veel de lakens in de wereld uit. Dat heeft me geschokt.'

Eigenlijk hadden we kunnen weten, zegt hij, hoe gepolariseerd de verhoudingen in de wereld waren geworden.

'Vlak vóór 11 september was ik namens de Nederlandse regering bij de anti-racismeconferentie van de Verenigde Naties in Zuid-Afrika. Daar maakte je de totale verwijdering tussen het Westen en de Arabische landen mee. Er werd uiterst discriminerend over Israël en over joden gesproken. Er hingen affiches waarop de davidster met het hakenkruis werd vergeleken. Ik dacht: wat zit de haat diep! De wereld is een puinbak! Het was een vooraankondiging van wat er in New York zou gaan gebeuren.'

In Nederland sloeg de aanstormende politicus Pim Fortuyn munt uit de angstige stemming die was ontstaan.

'Hij riep meteen op tot een koude oorlog tegen de islam. Je merkte dat dat aansloeg. Als minister van Integratiebeleid heb ik me altijd gekeerd tegen platte teksten als: laten de buitenlanders oprotten. Maar die raakten opeens in de mode. Zelfs de intellectuele goegemeente vond: goed dat het nu eens hardop wordt gezegd.'

November 2001 werd Fortuyn tot lijsttrekker gekozen van de nieuwe partij Leefbaar Nederland, die de gevestigde politiek wilde uitdagen. Er moest een strenger toelatingsbeleid worden gevoerd, was een van de agendapunten. De boodschap van Leefbaar Nederland sloeg aan. Met de flamboyante oud-marxist Fortuyn als boegbeeld sprak de door oud-Vara-coryfee Jan Nagel en oud-Veronica-dj Willem van Kooten opgerichte groepering erg tot de verbeelding van de gewone man. Elke opiniepeiling beloofde de partij een grotere toekomst.

Begin 2002 verbrak Leefbaar Nederland de relatie met Pim Fortuyn naar aanleiding van een interview dat de lijsttrekker aan *de Volkskrant* had gegeven. Daarin uitte hij twijfel over artikel 1 van de Grondwet dat het discrimineren van minderheden verbiedt. Ook merkte hij op dat – als het aan hem lag – geen moslim meer over de grens kwam.

Politiek Den Haag reageerde ontzet en Van Kooten en Nagel besloten zich nog dezelfde dag te ontdoen van het stemmenkanon. Kort daarop richtte Fortuyn zijn eigen Lijst Pim Fortuyn op. Niet langer gehinderd door de matigende invloed van zijn souffleurs bij Leefbaar Nederland kon hij eindelijk zeggen wat hij wilde.

De paarse kabinetten hadden acht jaar lang een puinhoop aangericht, schreef hij in een 'genadeloze analyse' die dat voorjaar werd gepubliceerd. Ondoorzichtige compromissen tussen PvdA, VVD en D66 hadden geleid tot lange wachtlijsten in de gezondheidszorg en drop-outs in het onderwijs. Nederland werd in zijn ogen bestuurd door een 'volstrekt incestueus circuit van een zichzelf benoemende en aanvullende politiek-bestuurlijke elite. Het ruikt er muf, nee, stinkt er zo nu en dan ronduit.'

Door schaalvergroting in onderwijs en gezondheidszorg waren mensen zich machteloos gaan voelen. Niet de docenten, dokters en verpleegsters, maar de bureaucraten en managers deelden de lakens uit. Minister Borst had met haar wachtlijsten in de gezondheidszorg meer doden op haar geweten dan Osama bin Laden. Politieagenten zaten te veel achter hun bureau en lieten zich te weinig buiten de deur zien. Daardoor waren in steden als Rotterdam 'no-go-areas' ontstaan waar de burger zich niet veilig voelde.

Opnieuw velde Fortuyn een hard oordeel over de moslims met hun 'achterlijke woestijncultuur.'

Het succes was overweldigend, maar verzilveren kon hij dat niet meer. Op maandag 6 mei 2002 werd de 'goddelijke kale' (zoals cineast Theo van Gogh hem noemde) vermoord door een fanatieke dierenactivist. Die nam hem onder andere kwalijk dat hij ook voor het dragen van bontjassen was. Bij de Tweede Kamerverkiezingen later die maand veroverde zijn LPF in één klap zesentwintig zetels.

De paarse coalitie kon niet verder regeren. Voortaan bestond het kabinet uit CDA, VVD en de erven Pim Fortuyn. Een hele reeks vooraanstaande politici zag zich genoodzaakt het toneel te verlaten. Onder hen Roger van Boxtel. Hij had de overwinning van de LPF als een persoonlijk affront ervaren, vertelde hij ons. Zijn integratiebeleid was door de kiezer als veel te slap ter zijde geschoven.

Als een moderne Atlas die al het leed van de wereld op zijn schouders draagt: 'Natuurlijk kan een regering altijd de verkiezingen verliezen, maar dit was zo'n klap! Paars was een groot deel van zijn zetels kwijt, mijn eigen partij (D66) werd gehalveerd. Na verkiezingen die gingen over het terrein waarvoor ik me had ingezet. Ik had me te pletter gewerkt. Elke maandag een werkbezoek afgelegd. En dan sprak ik echt niet alleen met de bestuurders en welzijnswerkers, ik bezocht ook de moskeeën en koffiehuizen. En dan zo'n nederlaag! Ik was er kennelijk niet in geslaagd de goede snaar te raken en dat heb ik mezelf kwalijk genomen.'

Van Boxtel maakte zich grote zorgen over de koers die zijn opvolger in het eerste kabinet-Balkenende, LPF'er Hilbrand Nawijn, had uitgestippeld. Die zat op het ministerie van Justitie en niet – zoals Van Boxtel – op het belendende departement van Binnenlandse Zaken. Goed dat immigratie en integratie nu in één hand waren, vond de oud-minister, maar het risico was dat ze bij Justitie de nadruk eenzijdig op een streng toelatingsbeleid zouden leggen. Nawijn maakte zich in zijn ogen schuldig aan de 'platte generalisaties' die hij juist altijd had proberen te vermijden. Zo had de nieuwe bewindsman geopperd om Marokkanen van de tweede en derde generatie het land uit te zetten als ze iets strafbaars hadden gedaan.

Van Boxtel: 'Dan zeg je tegen mensen: jullie horen er niet bij. Dan sluit je mensen uit.' De D66'er was bang dat de verhoudingen zouden gaan escaleren: 'Tot nu toe hebben we in Nederland een redelijk rustig klimaat gehad. Zonder Brixtons. Zonder Bradfords. Maar dat dreigt nu te veranderen. Ik maak me zorgen over de vergroving, de goedkope oplossingen, het gepolariseer. Ik kan me niet vinden in *the wild bunch* die Nederland nu regeert. Er dreigt een wildwestdemocratie te ontstaan die de samenleving ontwricht.'

Het 'Fortuyn-Opfer' (zoals Van Boxtel op een conferentie in Berlijn werd genoemd) reageerde beduusd op wat hem en Nederland was overkomen: 'Ik heb dat nog nooit van mijn leven gehad, maar ik droom 's nachts van wat er de afgelopen periode is gebeurd. Ik voer in mijn slaap gesprekken met mijn ambtenaren: Wat hadden we beter moeten doen? Hebben we onze bedoelingen wel goed gecommuniceerd?'

Soms vroeg hij zich af of hij zich nog wel thuis voelde in dit land.

'Wat er nu gebeurt... Ik hoor bij de politici die na de moord op Fortuyn moesten worden bewaakt omdat ze werden bedreigd. Op de avond van de moord hebben we als ministerraad met de volkswoede kennisgemaakt. Het Binnenhof werd door aanhangers van Fortuyn belegerd. We hadden reden om bang te zijn. Er zijn kogelbrieven verstuurd. Nederland lijkt helemaal gek geworden.'

Dramatisch: 'Ik heb Sebastian Haffner over zijn jeugd vlak vóór het Derde Rijk gelezen. Hij schrijft dat Duitsland een beschaafd land was, met één probleem. De mensen leden aan *Leere und Langweile*, leegte en verveling. Dat lijkt voor Nederland ook op te gaan. We hebben buren die we niet kennen en luchtjes die nieuw zijn. Maar er is welvaart in overvloed. Daarom denk ik soms: waar hebben we het hier eigenlijk over?'

Er was werk. Er was welvaart. Dat nam niet weg dat dramatische gebeurtenissen als de aanslag op de Twin Towers en de moord op Fortuyn de maatschappelijke verhoudingen totaal ontwrichtten. Acht jaar lang had het paarse kabinet de migratie vooral als een sociaaleconomische kwestie benaderd. Als er maar banen werden gecreëerd, als de nieuwkomers maar fatsoenlijk gehuisvest werden, zou het vanzelf goed komen met de multiculturele samenleving. Dat autochtonen en allochtonen in geestelijk en religieus opzicht uit elkaar groeiden, kreeg te weinig aandacht.

Door de gebeurtenissen in 2001 en 2002 kwamen die culturele verschillen opeens aan de oppervlakte. Het leek wel een aardschok. En niemand die er raad mee wist.

De haat en nijd kwam van twee kanten.

## 12 Steeds meer argwaan

Vier verlegen meisjes verlieten vlak na de aanslagen in New York en Washington het klaslokaal van Fatma Kuru. Fatma gaf maatschappijleer aan het Regionaal Opleidingscentrum aan de Schipluidenlaan in Amsterdam-West. De meisjes volgden de middelbare opleiding commerciële dienstverlening. Ze leken een beetje verdwaald in Nederland. Drie van hen droegen een hoofddoekje, alleen Hulya niet. Ze was wel lid van de Turkse orthodoxe organisatie Milli Görüs. Behiye, de oudste, was vóór haar twintigste al getrouwd en wilde later boekhouder worden. Met kinderen krijgen zou ze nog even wachten. Alle vier de meisjes vertelden dat ze zich in Nederland minder op hun gemak voelden sinds de aanslagen van 11 september. Dat gold niet voor hen alleen. Hetzelfde geluid hoorden ze overal om zich heen. Van hun moeder, van de vriendin van die moeder, van de buurvrouw.

Hulya, lang en slank met een geprononceerd gezicht, bloosde als ze praatte. De moslims kregen overal de schuld van, zei ze: 'Dat mensen zo denken is niet leuk.'

Behiye mocht van haar man 's avonds niet alleen over straat uit angst dat ze in elkaar zou worden geslagen. Hatice (18), in een roze outfit met een witte sjaal om haar hoofd, zei dat veel vrouwen niet meer naar buiten durfden. En Fatma wist van een meisje van wie de hoofddoek op straat was afgerukt.

Schokkend en vernederend vonden ze die ervaringen.

Fatma Kuru, hun lerares, kwam uit Turkije, maar was in Overijssel opgegroeid. In Amsterdam zaten veel moslimmeisjes met problemen, zei ze. Ze probeerde daarover met hen te praten: 'Ik ben een voorbeeldleraar.' Ze merkte dat veel islamitische leerlingen fanatieker waren geworden sinds de aanslagen in New York en Washington. Dat begreep ze: 'De *war on terror* die het Westen heeft verklaard ervaren ze als een aanval op henzelf.'

Uit het onderzoek 'Islam in de multiculturele samenleving' van de socioloog Han Entzinger was in 2000 al gebleken hoe sterk jonge moslims in Rotterdam het geloof als ankerpunt beschouwden. Van de Marokkaanse ondervraagden noemde honderd procent zich religieus, van de Turken 99 procent. De meesten voelden zich in de eerste plaats moslim, dan pas Marokkaans of Turks.

Na de aanslagen van 11 september 2001 nam het islamitisch zelfbewustzijn heftig toe. De moslims van Nederland konden zich makkelijker identificeren met Irakezen, Palestijnen en Afghanen dan met de door de terreuraanslag getroffen Amerikanen.

Uit een opiniepeiling van het blad *Contrast*, vlak na 11 september, kwam naar voren dat zestig procent van de ondervraagden enig begrip kon opbrengen voor de aanslagen.

Angst voor wraakacties van autochtone zijde vormden het Leitmotiv.

'Na 11 september dacht ik: dit gaat op ons terugslaan. Terwijl ik er toch niets mee te maken heb.' Aan het woord: Najoua (17) die aan het ROC in Amsterdam-Zuid een opleiding voor sociaal-pedagogisch werker volgde. Ze wilde kinderpsycholoog worden. Najoua was blij dat op de basisschool waar ze stage liep rekening werd gehouden met haar geloof, want sinds een paar jaar was ze heel vroom. Een keer liep het bijna mis, toen de vader van een kind haar bij wijze van dankbetuiging een zoen op de wang wilde geven. Najoua kon daar gelukkig om lachen: 'Ik riep dat het niet kon, ik geef mannen ook geen hand.'

De bloedmooie Najoua was hier geboren, haar ouders kwamen uit Marokko. Vroeger ging ze naar de disco en als er gefeest werd was ze er altijd bij.

'Dat heb ik nu allemaal achter me gelaten,' merkte ze stralend op. Haar belangrijkste vrijetijdsbesteding bestond nu uit het bestuderen van de Koran. Om wat geld te verdienen werkte ze bij een bakker.

'Na de aanslagen wilden alle klanten weten wat ik ervan vond. Een man beledigde me diep. Toen hij het niet eens was met het bedrag dat hij moest betalen, smeet hij het geld in mijn gezicht en zei dat ik moest oprotten naar mijn eigen land. Ik werd razend en gooide het wisselgeld terug. Dat luchtte op. Later speet het me dat ik zo had gereageerd.'

Hakima (21) was bevriend met Najoua. Ze woonde pas drie jaar hier maar sprak goed Nederlands. Hakima studeerde ook sociale pedagogiek en werkte daarnaast bij De Schoenenreus.

'Je ziet ze in die winkel denken: die trut met dat doekje op haar hoofd,' zei ze: 'Een klant wilde pinnen voor een bedrag van minder dan twintig gulden. Daar moest hij extra voor betalen. Hij werd kwaad, noemde me een stomme Marokkaan, een stomme moslim. Op dit moment denk ik: dit is geen mooi land, ik wil terug naar Marokko.'

Niet alleen op straat en bij De Schoenenreus, ook binnen het onderwijs begonnen autochtonen en allochtonen elkaar met steeds meer argwaan te bekijken. De leraren bij de ROC-vestigingen in Amsterdam wisten zich geen raad met de soms heftige reacties die de war on terror losmaakte bij hun Turkse en Marokkaanse leerlingen. Hier en daar prikten die een Bin Laden-poster aan de muur en wisselden foto's van de geestelijk leider van Al Qaida uit. Ook belden ze in de pauze met mobiele telefoons met een afbeelding van Bin Laden op het schermpje. De meeste leerlingen gruwden van de Amerikaanse bombardementen op Afghanistan die op 11 september volgden. Ze zagen die bombardementen als een aanval op de islam.

In een voor de gelegenheid tot discussieruimte omgebouwde hal van het ROC leidde bestuursvoorzitter Ankie Verlaan het gesprek over de gevolgen van 9/11. Ze vond dat de problemen op tafel moesten komen. Dat deden ze.

Tarik, een imposante verschijning met een intellectueel brilletje op zijn neus, vertelde het publiek hoe kwaad hij was. Kwaad, kwaad, kwaad. Schuldig aan het onrecht in de wereld was Amerika, zei hij. Nee, het hele Westen.

Kaïs, kickbokser en bijna sociaal-cultureel werker, vond dat Tarik te hard van stapel liep. Hij was ook boos op Amerika maar wist zeker dat je met emotioneel geschreeuw alleen niet ver zou komen. Kaïs tegen Tarik: 'Ik begrijp je woede maar die kan tot geweld leiden. Als je niet uitkijkt word je een wandelende tijdbom.'

De forumleden, onder wie de Amsterdamse burgemeester Job Cohen en PvdA-gemeenteraadslid Fatima Elatik, luisterden aandachtig naar de woordenwisseling. Ze hoopten duidelijk dat de bom niet zou barsten.

Ondertussen vertelde meisje na meisje hoe moeilijk het plotseling was om aan een stageplaats te komen of aan een baantje in de supermarkt.

'De kloof was diep aan het worden,' zei Kaïs na afloop.

De kickbokser (lang en met een baseballpetje op) formuleerde bedachtzaam: 'Ik heb een tijdje mijn baard laten staan. Na 11 september werd ik bekeken alsof ik een terrorist was. Dat wilde ik niet, toen heb ik hem afgeschoren.'

Prem Ratchasing gaf economie en handel aan het ROC in Amsterdam-West. De meesten van zijn leerlingen kwamen terecht bij banken en verzekeringsmaatschappijen. Ratchasing, hindoe, was geboren en getogen in Suriname. Een geëngageerde en verstandige man.

'Ik viel van mijn stoel van verbazing toen ik merkte hoeveel van mijn leerlingen de aanslagen in New York en Washington goedkeurden.' Hij ging de confrontatie aan: 'Ik praatte met ze, ik luisterde. Ik zei dat ze zelfstandig na moesten denken, dat ze zich in het land waar ze woonden verantwoordelijk moesten gedragen. Ik ben hier heel erg mee bezig. Heel erg.'

In de klas van Ratchasing zaten vooral Marokkaanse leerlingen. Eigenlijk had geen van hen willen meedoen aan de drie minuten stilte die na 'New York' in acht was genomen.

'Het moest van de directie,' riepen ze verontwaardigd. De stemming was fel anti-Amerikaans: 'Kunnen ze wel, arme mensen in Afghanistan bombarderen!'

Bin Laden was een moslim en moslims pleegden geen aanslagen op de Twin Towers – zo luidde de consensus in de klas. Als ze zelf moesten vechten om de eer van de islam te verdedigen, dan zou niets hen tegenhouden, merkten een paar stoere jongens op. Eentje riep opgewonden uit dat hij niet bang was om dood te gaan. Anderen weigerden hun mening te geven: 'Ik zeg niets, ik heb mijn eigen waarheid.' Het waren die leerlingen met wie Prem Ratchasing meer contact wilde.

Samir (17) was fel, maar ook aardig en beleefd. Hij vertelde niet zonder trots dat hij 'zuivelmedewerker' bij Dirk van den Broek was. De laatste tijd had hij het daar minder naar zijn zin: 'Klanten die vroeger een praatje met me maakten, lopen nu met een grote boog om me heen. Dat steekt.' Samir noemde zichzelf gematigd vergeleken met sommige andere leerlingen op het ROC. Zijn ouders hadden het altijd naar hun zin in Nederland, zei hij. Maar ook zijn moeder klaagde erover dat er iets was veranderd.

'Vroeger begonnen de Nederlandse moeders een praatje als ze mijn zusje van school haalde. Nu kijken ze haar niet meer aan. Ze zegt dat het haar niets kan schelen, maar ik weet wel beter.'

Samir zelf raakte ook steeds meer gespitst op vreemdelingenhaat. Als mensen vroeger iets onaardigs over moslims zeiden, dacht hij: laat maar zitten. Nu trok hij het zich aan. De racisten hadden vrij baan gekregen in Nederland en de politie deed daar niets tegen. De moskeeën hadden na 11 september om extra beveiliging gevraagd, maar die niet gekregen. Als het zo doorging in Nederland, restte er maar één oplossing: 'Dan moeten we het heft in eigen hand nemen.'

Samir was gematigder dan sommigen van zijn klasgenoten. Toch had hij wel een vermoeden wie er echt achter de aanslagen in New York en Washington zat: 'Een joodse tv-zender had als eerste de beelden van de aanslag. Dat kan geen toeval zijn geweest.'

Het was een standpunt dat we vaker tegenkwamen.

Youness (18), Mohammed (19) en Khalid (17) volgden een opleiding tot automonteur aan het ROC in Amsterdam-West. Ook zij waren ervan overtuigd dat een moslim als Osama bin Laden de terreurdaden nooit op zijn geweten kon hebben gehad.

Mohammed: 'Jullie Nederlanders denken dat Osama het heeft gedaan. Maar het waren de joden.'

Youness: 'Bush zat erachter, samen met de joden. Als er een jood doodgaat vindt de hele wereld dat erg, maar als er een moslim doodgaat...'

Mohammed: 'Wij zeggen niet dat wij beter zijn dan anderen. Maar kijk naar het Midden-Oosten! De joden hebben tanks en de Palestijnen hebben niets. Wij respecteren Bin Laden, Bush is de held van de joden.'

## 13 Oorlog in de hut

Bob de Ruiter verdiepte zich jarenlang in het gedachtegoed van leerlingen als Mohammed, Youness en Khalid. Hij gaf maatschappijleer aan het ROC. De Ruiter was een ras-Amsterdammer die in de les geen onderwerp schuwde. Tot verbazing van de directie weigerde hij de gebeurtenissen in Amerika en Afghanistan te behandelen. Die beslissing nam hij weloverwogen. Hij was bang dat het uit de hand zou lopen.

'Ik moet nog twee jaar met die mannen door. Een les duurt vijfenveertig minuten en dat is kort voor zulke gevoelige onderwerpen. Deze leerlingen hebben geen basis, hun kennis is gewoonweg te beperkt. Ik ben ook blij dat ik de jodenvervolging in de Tweede Wereldoorlog niet meer hoef te behandelen, dat is bij ons gelukkig afgeschaft.'

De Ruiter merkte dat het zijn leerlingen geen moer interesseerde wat in Nederland tussen 1940 en 1945 was gebeurd.

'Bij mij zit dat diep, maar het ontgaat deze leerlingen volkomen. Ik probeerde de oorlog tastbaar te maken door over de jodenster te beginnen. Vonden ze wel een goed idee, zeiden ze. Dat was erg. Ook homofilie is volstrekt onbespreekbaar. Ik heb dat pad verlaten. Als ik er wel over begin, krijg ik oorlog in de hut.'

De multiculturele samenleving waar de Rosenmöllers,

Melkerts en Dijkstallen van droomden bestond niet, zei De Ruiter. 'Ik ga met mijn leerlingen om. Maar zodra het over dit soort zaken gaat, wordt het moeilijk.'

Wetenschapsmensen hadden voorspeld wat zich onder teleurgestelde islamitische jongeren kon gaan afspelen. Entzinger constateerde in zijn onderzoek 'Islam in de multiculturele samenleving' dat jongeren die zich gediscrimineerd en onbegrepen voelden, in de fout zouden gaan. Karen Phalet, die Entzinger bij zijn onderzoek bijstond, zei tegen *de Volkskrant*: 'Er is een duidelijk verband tussen het zich gediscrimineerd voelen en het zich terugtrekken in eigen kring, waarin traditionele waarden de boventoon voeren. Mensen die zich buitengesloten voelen, hebben de meest onverzoenlijke standpunten.'

Frustraties leiden tot een toenemende hang naar het geloof en polarisatie kan tot geweld leiden, stelde ook de Duitse hoogleraar Wilhelm Heitmeyer in zijn studie *Verlockender Fundamentalismus* (1997). Volgens Heitmeyer was er in West-Europa geen sprake van integratie, maar van segregatie. En: 'Hoe groter de desintegratie, des te sterker de neiging tot islamisering. Zulke jongens voelen zich vaak niet welkom. Door het sterke voorbeeld van de islam worden de eigen tekortkomingen gecompenseerd.'

Op het ROC in Amsterdam zag je dat in de praktijk gebeuren.

In de kantine zat Tarik, de jongen die door medeleerling Kaïs een 'wandelende tijdbom' was genoemd, door een boek over de mystieke kanten van de islam te bladeren. Hij zelf was het niet met oordeel van Kaïs eens.

'Ik ben geen terrorist, ik ben wel tegen Amerika. En ik ben niet bang, voor geen mens.'

Tarik vertelde dat hij tweevoudig kampioen boksen was en later bij de politie wilde gaan werken. Hij ontkende niet dat hij vaak bij gevechten betrokken was geweest: 'Ik ben geen lieverdje, ik ken het leven op straat.'

Als gelovig moslim stelde hij zich op een goede dag de vraag of hij zo wel moest doorgaan.

'Ik worstelde met mezelf, lag er 's nachts wakker van. Hoe meer ik over de islam las, hoe meer vrees ik voor de Dag des Oordeels kreeg. Je de islam eigen maken is niet makkelijk, het is net als bij een toets: je kunt niets overslaan. Eigenlijk is het heel eenvoudig: zonder inspanning kom je niet in het paradijs. Sinds ik bewust volgens de Koran leef, ben ik een rustiger mens geworden. Ik vecht minder, ik scheld geen mensen meer uit. Mijn vertrouwen in Allah is groot. Hij is de enige die wat voor me kan doen. Ik weet dat ik zelf uiteindelijk de sleutel heb om de deur te openen. Ik aarzel of ik een baard zal laten staan. In de islam is het verplicht, alle profeten droegen een baard. Maar je mag hem pas laten groeien als je niets slechts meer doet.'

Tarik dacht er soms over na om Amsterdam voor Saoedi-Arabië te verruilen en zich daar aan het geloof te wijden. 'Dat is je plicht volgens de islam. Je moet je broeders helpen.'

Terug naar zijn moederland Marokko wilde hij niet: 'Dat is alleen in naam een islamitisch land. Ik ga liever terug naar de kern, waar echte islamitische regels gelden. In Saoedi-Arabië hakken ze je hand nog af, dat doen ze in Marokko niet. Ze regelen alles voor je, je huis, je studie, ze zijn blij met je komst.'

Zijn grote held was Bin Laden. Die had zijn rijkdom opgegeven voor de islam. 'De manier waarop hij eet, op zijn hurken, met een knie omhoog, laat zien dat hij een gelovig moslim is. Bin Laden is niet bang om te sterven. Jihadstrijders komen in de hemel. Veel jongens als ik denken zo.'

Terwijl Tarik en de zijnen in de pauze belden met mobiele telefoons met op het schermpje de afbeelding van Bin Laden, begonnen hun leeftijdgenoten van autochtone afkomst behoorlijk genoeg te krijgen van het gedweep met de islam. Nederlandse, Turkse en Marokkaanse tieners zaten samen in de klas. Ze maakten samen grappen. Maar sinds de aanslagen van 11 september en de opkomst van Pim Fortuyn werden ze steeds vaker bang dat hun eigen cultuur overheerst zou worden door die van de anderen. Onderling begrip sloeg om in wantrouwen. Beide partijen zetten zich schrap.

In de week na de Tweede Kamerverkiezingen van 15 mei 2002 hield *Vrij Nederland* een enquête onder zevenhonderd Amsterdamse en Rotterdamse ROC- leerlingen van Turkse, Marokkaanse en Nederlandse afkomst. Hun werd gevraagd wat er in hun onderlinge verhoudingen was veranderd sinds 9/11 en de opkomst van Fortuyn. De leerlingen maakten deel uit van gemengde scholengemeenschappen, met in totaal meer dan vijftigduizend leerlingen.

Geruststellend aan de enquête was dat lang niet alle allochtone jongeren zulke harde taal uitsloegen als Tarik, Youness en Samir. Onder de respondenten bevonden zich ook jongeren (vaak meisjes) die zich tot het uiterste inspanden om wat van hun leven in Nederland te maken. Sommigen konden zich zelfs goed in de opvattingen van Fortuyn vinden. Ze betreurden wel dat ze als moslim vanwege de aanslagen met de nek werden aangekeken.

Fouad Elkhadari was negentien. Hij studeerde elektrotechniek in Rotterdam. Fouad was van oorsprong afkomstig uit Marokko en had twee zusjes en een broertje. Bij verkiezingen stemde hij op GroenLinks.

'Ik heb rustige vrienden,' vertelde hij. 'Ik schaam me dood als ik allochtonen raar zie doen, als ze mensen uitschelden of rotzooi trappen. Als Fortuyn niet had gezegd dat de islam achterlijk is, had ik misschien wel op hem gestemd. Want het land ís vol. Je moet eerst aan de mensen die hier nu al wonen denken. Pas als die zich goed hebben aangepast, kunnen er nieuwe bijkomen.'

Door 9/11 was hij zich nog meer van zijn identiteit als moslim bewust geworden. 'Als ik een winkel binnenloop, zie ik iedereen denken: daar heb je er weer een. Dat doet pijn.'

Moustapha Elmoussaoui (twintig, opleiding detailhandel in Amsterdam, drie zusjes en vijf broers, zou PvdA stemmen) vond de Lijst Fortuyn goed, 'totdat ze zeiden dat de islam achterlijk is. Ik ben een gelovige moslim, het is de enige juiste godsdienst, dat weet ik zeker. De houding van de Nederlanders is na 11 september veranderd. Ik werd aangehouden door de politie en uitgescholden voor rot-Marokkaan, dat had ik nog nooit meegemaakt. Het lukte me niet meer een discotheek binnen te komen, ik moest mee met een Nederlandse vriend of vriendin. Soms ben ik bang voor de toekomst. Stel dat er oorlog komt. Ik ben bang voor de haat tussen moslims en joden, tussen moslims en niet-moslims. Ik wil nu lekker leven en uitgaan maar later een eigen zaak. Misschien een hotel. Een goeie baan krijg ik toch niet, ze nemen liever geen Marokkanen.'

Seval Celiktas was ook twintig. Ze had lang in Ede gewoond maar studeerde nu internationale handel in Rotterdam. Ze had een zus en een broer. De Turkse stemde op de PvdA. Seval vond het jammer dat het niet goed liep met haar integratie.

'Sinds ik niet meer in Ede woon, is mijn Nederlands achteruit gegaan. In Rotterdam hoor ik weer alleen Turks om me heen, vandaar. Toen Fortuyn zo populair werd, voelde ik me bedreigd. Ik was bang dat alles anders zou worden als hij aan de macht kwam. Dat mijn gevoel van vrijheid zou verdwijnen, want Nederland is echt een lekker land. Vrouwen zijn hier gelijk aan mannen en dat bevalt me goed. Soms voel ik me te veel een allochtoon. Sinds de opkomst van Fortuyn ben ik me daar bewust van en vraag ik me af wat mensen denken als ze naar me kijken. Ik ben hier geboren, dit is ook mijn land!'

Ook Asma el Elallaoui (19) klonk behoorlijk feministisch. Ze volgde een opleiding juridische dienstverlening, had vijf zusjes en twee broers en stemde in haar woonplaats Waddinxveen op GroenLinks.

'Mijn ouders zijn gelovig,' vertelde ze: 'Die bidden vijf keer per dag. Ik geloof ook, maar ik doe er niet zoveel mee. Ik word daarin vrijgelaten. Mijn vader verplicht me niet een hoofddoek te dragen. Dat ik 's avonds niet uit mag, vind ik wel vanzelfsprekend. Ik vind het stom van Marokkaanse jongens dat ze nu feesten en straks een maagd uit Marokko halen. Daar baal ik van. De Marokkaanse meisjes hier willen gelijke rechten, kennis is macht, we moeten ons ontwikkelen. Ik ben ervoor dat allochtonen Nederlands leren voordat ze hier komen. Mensen die de taal niet spreken, mogen niet worden toegelaten, vind ik. En als ze hier wonen, dan graag in wijken waar ook veel Nederlanders zijn. Dan schiet de integratie tenminste een beetje op, daar moet hard voor worden gestreden.'

Maar niemand kon de gevoelens die onder Marokkaanse en Turkse jongeren leefden zo beeldend verwoorden als de zeventienjarige Saïda el Barroudi uit Mijdrecht. Ze had drie broers en een zusje, wilde verpleegster worden en aarzelde tussen de PvdA en de SP.

'Sinds mijn achtste draag ik een hoofddoekje,' memoreerde ze. 'In het begin wilde ik het niet, was het iedere dag huilen voordat ik de deur uitging. Ik was de enige in de klas. Toen ik begreep dat het hoofddoekje bij me hoort omdat ik moslim ben, vond ik het goed. Het staat in de Koran en dus is het verplicht, punt uit. Nu draag ik het met plezier. Na 11 september was ik bang voor een derde wereldoorlog tussen de islam en het christendom. De sfeer werd grimmiger, ik werd vaker uitgescholden. Het is stom maar ik sta nu anders tegenover de Nederlanders, ik tast af. Dit voelde altijd als mijn land, ik ben hier geboren, ik spreek goed Nederlands. Maar sinds 11 september en Fortuyn is het minder leuk om hier te leven.'

Verontrustend aan de enquête was vooral de harde toon waarop de autochtone jongeren over hun allochtone leeftijdgenoten spraken. Niets tegen moslims, hoor, maar ze moesten zich wel in alle opzichten aan Nederland aanpassen.

Ronald Aartsma (18) studeerde elektrotechniek. Bij de verkiezingen van mei 2002 had hij op de VVD gestemd, maar alleen omdat Pim Fortuyn niet meer leefde. Urenlang had hij in de rij gestaan om het condoleanceregister te tekenen. Aartsma was blij dat Fortuyn niet door een moslim maar door dierenactivist Volkert van der G. was vermoord.

'Anders was het burgeroorlog geworden, de Nederlanders tegen de islamieten. Ik ga zelf met moslims om maar ik denk dat er rellen komen. Ik ben geen racist, ik respecteer mensen met een ander geloof. Maar zij respecteren ons niet. Neem hoe ze over joden praten. Ik tekende op school een keer een davidster, werd ik meteen uitgemaakt voor kankerjood. Daar kan ik niet tegen.'

'Soms ben ik bang dat de allochtonen ons land willen overnemen,' zei Patricia Kamerman, achttien en woonachtig in Aalsmeer. Ze had bij de verkiezingen op het CDA gestemd en wilde politieagente worden. Bij haar op school zaten bijna alleen allochtone leerlingen.

'Ik schrok toen ik hier voor het eerst kwam, het zijn er zoveel! En al die hoofddoekjes! In het begin liep ik snel door de gang, ik voelde me echt anders dan de anderen. Ik vind het goed dat de grenzen dichtgaan want er komen te veel allochtonen het land binnen.'

'Pim Fortuyn zei wat ik dacht,' legde Dave Boonacker (16) in zijn woonplaats Schagen uit. 'Nederland moet Nederland blijven, er moeten niet te veel buitenlanders komen.'

Autochtonen en allochtonen vonden hun eigen cultuur superieur aan die van de ander, waarbij de Nederlanders het meest uitgesproken waren. Veruit de meeste allochtonen noemden de Europese en islamitische cultuur verenigbaar met elkaar, de Nederlandse jongeren waren daar niet zo zeker van.

Twintig procent van de allochtone respondenten zei dat ze niet wilden integreren. Zeventig procent wilde wel participeren in de Nederlandse samenleving als ze thuis en in hun vrije tijd maar vooral Turk of Marokkaan mochten zijn. De meeste autochtone jongeren vonden dat niet acceptabel. Bijna de helft van de Nederlandse ondervraagden eiste totale aanpassing van hun moslimlandgenoten. Ze wezen de multiculturele samenleving af. En dat was het probleem. Want de assimilatie die de Nederlanders eisten, was voor de overgrote meerderheid van de allochtonen onbespreekbaar.

Een ruime meerderheid van de Nederlandse jongeren was erg te spreken over de verkiezingswinst van de Lijst Pim Fortuyn. Van de Turkse en Marokkaanse leerlingen vond bijna de helft de verkiezingsuitslag zeer onaangenaam. 'Hoe kan Fortuyn na alles wat hij heeft gezegd over de islam en de buitenlanders zo veel stemmen winnen?' vroeg Saïda el Barroudi zich af.

11 september en de opkomst van Fortuyn hadden de moslims en Nederlanders uit elkaar gedreven, vonden de moslims. Voor bijna alle Nederlandse ondervraagden (97 procent) was het klip-en-klaar dat de polderpopulist verwoordde wat iedereen dacht, maar niet hardop durfde te zeggen. Ruim driekwart van de allochtonen vreesde dat ook.

Moesten we ons zorgen maken? Ja. Dat bleek uit het antwoord op de vraag of de jongeren bereid waren hun eigen cultuur desnoods met geweld te verdedigen tegen die van de anderen. In de enquête werd dat als volgt geformuleerd: stel dat jouw geloof verboden wordt in een van de andere landen van Europa en de mensen die dat geloof belijden worden vervolgd en gaan de gevangenis in. Wat zou je bereid zijn te doen om je geloofsgenoten in dat land te helpen?

De respondenten konden kiezen uit een aantal gebruikelijke activiteiten (handtekeningenactie, protestdemonstratie, inzamelen van geld), enkele ingrijpender acties (bezetten ambassade, hongerstaking) en als meest agressieve daad 'mijn geloofsgenoten helpen bevrijden, ook als daar doden bij vallen'.

Zoals te verwachten viel, zou een groot aantal (meer dan de helft) meedoen aan 'zachte' acties en lag het bezetten van ambassades en een hongerstaking heel wat moeilijker:

ruim een vijfde voelde voor zo'n bezetting, vijftien procent voor een hongerstaking. Maar de meest vergaande actie, het gewelddadig bevrijden van geloofsgenoten, bleek erg in trek: 45 procent van de Marokkaanse jongeren, 42 procent van de Turken en ook 20 procent van de gelovige Nederlanders zouden hiertoe bereid zijn.

Drie jaar eerder – in 1999 – had Entzinger een nog heel wat geruststellender antwoord op die vraag gekregen. Hij constateerde een geringe bereidheid (ongeveer vijf procent) tot 'illegaal geweld' bij de Turkse/Marokkaanse jongeren. Maar dat was dan ook vóór de waterscheiding van 2001.

## 14 Wollen deken

Terwijl op het Albeda College en het Zadkine College in Rotterdam en het ROC in Amsterdam (die aan het onderzoek meewerkten) harde taal over en weer werd gesproken, drong tot de politieke en bestuurlijke elite van Nederland maar mondjesmaat door hoe scherp de verhoudingen inmiddels lagen.

In Amsterdam was Job Cohen – halverwege het tweede paarse kabinet als staatssecretaris van Vreemdelingenbeleid afgetreden om burgemeester te worden – getuige geweest van discussies als die tussen Tarik en Kaïs.

'We moeten onder ogen zien dat veel Marokkaanse jongens zich sterk met Bin Laden identificeren,' zei hij eind 2001 tussen de paperassen in zijn ambtswoning aan de Herengracht. 'Laten we het probleem maar in volle omvang op tafel krijgen. De reactie moet niet zijn dat het wel meevalt. Het begin van de oplossing is de pijn van de confrontatie.'

Cohen was nog maar net burgemeester of hij begon al de Amsterdamse moslimwereld te verkennen. En de plekken waar de autochtonen samenschoolden.

'Aan allebei de kanten waren er spanningen, en bij de moslims was er na 11 september een gevoel van angst. Ik wilde helder en duidelijk maken dat ze allemaal burgers van Amsterdam zijn.'

De fanatici die zich van het Westen afkeerden, vormden volgens hem een kleine groep binnen de moslimgemeenschap. 'Maar of het er nu driehonderd of duizend zijn, ze zijn er.'

Hij erkende dat de politiek lang zijn ogen had gesloten voor de groeiende kloof tussen autochtone en allochtone jongeren. 'We hebben dit probleem inderdaad tot nu toe aardig onder de wollen deken weten te houden. Het goeie van 11 september vind ik dat dingen nu bij hun naam genoemd worden, hoe schokkend en akelig dat ook is.'

Het tolerante Nederland gaf minderheden de ruimte, maar geen geestelijk houvast, analyseerde Cohen. 'Onze vrijheid is soms moeilijk te bevatten voor mensen die uit een land komen waar duidelijk is wat wel en wat niet mag. Waar strengere leefregels zijn.'

Het bevoegd gezag wist tot voor kort eigenlijk niet wat zich binnen de moslimgemeenschap afspeelde. 'Nederlanders en een deel van de moslims leven in verschillende werelden met als kern verschillende informatiebronnen. Ik kan iets begrijpen van mensen in Staphorst, daar weet ik van. De gedachtewereld van verschillende groepen allochtonen ken ik nog niet. Daarvoor weet ik veel te weinig van de islam, van hun cultuur, van wat moslims denken en doen. Pas sinds 11 september besef ik hoe groot de afstand tussen die werelden is. Er wordt anders gedacht, geredeneerd en gedaan.'

Cohen wilde praten, praten en nog eens praten. 'Over zaken als homoseksualiteit en vrouwenemancipatie. Overbrengen waarom wij dat op onze manier doen. En erachter komen wat voor ideeën en gedachten daarover aan de andere kant leven. Moeilijk, maar het moet.'

De Amsterdamse burgemeester gaf toe dat hij nog veel

moest leren, maar in elk geval drong de ernst van de situatie tot hem door.

Zestig kilometer verderop, in bestuurlijk Den Haag, waren ze nog niet zover. Eind 2001, begin 2002 hielden ze zich rond het Binnenhof nog vooral bezig met vragen als: komt er een derde paars kabinet? Wie wordt er dan ministerpresident: Ad Melkert van de PvdA of VVD'er Hans Dijkstal? Moet er een inkomensafhankelijke of inkomensonafhankelijke premie in het nieuwe zorgstelsel worden ingebouwd?

De sociaaldemocraten konden zich niet helemaal vinden in de voorstellen van de liberalen om de successierechten te verlagen en de onroerend zaakbelasting af te schaffen. Veel meer tegenstellingen waren er niet. Pas toen Fortuyn zich publiekelijk opwond over de schandelijk lange wachtlijsten in de zorg en de onaanvaardbaar grote scholen, werden dat issues in Den Haag.

Vooral Melkert had de neiging de kritiek af te doen als niet op feiten gebaseerd. Zo slecht liep het in de ziekenhuizen niet en de menselijke maat in het onderwijs terugbrengen moest je niet meer willen. Het had geen zin nostalgie te koesteren naar die 'aardige dorpsschool van vroeger'. Meer blauw op straat was een goed idee, maar volgens PvdA-minister van Binnenlandse Zaken Klaas de Vries moest je niet overdrijven. Uit onderzoek bleek dat Nederland veiliger was geworden in plaats van onveiliger – ook al ervoeren mensen dat niet zo.

Alle politici pijnigden zich het hoofd over de vraag hoe ze de stemmentrekker Fortuyn op een zijspoor konden rangeren. Na het interview met *de Volkskrant* en de breuk tussen Leefbaar Nederland en zijn lijsttrekker, had het Haagse circuit opgelucht ademgehaald. Met zijn uitspraak over de Grondwet had de excentrieke Rotterdammer zijn hand overspeeld, veronderstelde men.

Dezelfde politici die Paul Scheffer twee jaar eerder voor onheilsprofeet uitmaakten, trokken nu alle registers open tegen Fortuyn. Melkert noemde hem de Nederlandse Jean-Marie Le Pen, Dijkstal sprak van een mengeling van Janmaat en Dewinter, Rosenmöller omschreef hem als 'extreem-rechts'. Volgens Thom de Graaf hadden we binnenkort weer schuilplaatsen nodig als Het Achterhuis van Anne Frank.

Toen Fortuyns dochteronderneming Leefbaar Rotterdam op 6 maart 2002 de gemeenteraadsverkiezingen won, stonden de gevestigde partijen met de mond vol tanden. Een onderuitgezakte Melkert en een geïrriteerde Dijkstal brachten tijdens het televisiedebat na afloop niet eens de beleefdheid op hun uitdager te feliciteren. Ook daar profiteerde Fortuyn electoraal van.

De hele campagne door bleven de paarse partijen volhouden dat Nederland op de goede weg was. Melkert wilde geen tijd meer verdoen aan 'studeerkamerachterhoedegesprekken over de multiculturele samenleving,' zei hij op een conferentie van gemeentebestuurders in de Arnhemse zaal Musis Sacrum. Er moesten nog wat sociale achterstanden worden weggewerkt, maar over de culturele en religieuze tegenstellingen die boven water waren gekomen repte hij met geen woord.

Dijkstal merkte in een interview met *De Groene Amsterdammer* monter op: 'Er wonen hier zestien miljoen mensen en dan krijg je nu eenmaal cultuurverschillen. Dat hoor je te accepteren. Je kunt je natuurlijk afvragen hoe je ermee omgaat, maar wij liberalen zijn een verdraagzaam volk en we accepteren de samenleving zoals die is.'

Een heel andere toon sloeg inmiddels oppositiepartij CDA aan. Jan Peter Balkenende, die Jaap de Hoop Scheffer was opgevolgd als fractieleider, sprak in Den Haag de dertigers binnen zijn partij toe. Als enige woordvoerder van een grote politieke groepering veegde hij de vloer aan met het ideaal van de multiculturele samenleving.

'Het relativeren van de eigen cultuur en waarden en normen heeft in Nederland geleid tot een grote mate van begrip voor en ook acceptatie van afwijkend gedrag,' signaleerde de latere premier. 'In de politiek en de media is kritiek hierop lange tijd nauwelijks aan bod gekomen. Daardoor bleef het integratie- en immigratiedebat veelal beperkt tot een discussie over instrumenten: subsidies. Anti-discriminatiewetgeving, voorkeursbeleid en de vaardigheden van mensen: werk, inkomen, status. De vereenzelviging met de culturele doelen van onze samenleving, de bindende waarden en normen, is als doel in het integratiebeleid vrijwel niet aan de orde gekomen.'

Fout, vond hij: 'Een samenleving kan niet goed functioneren als er groepen zijn die de basiswaarden van die samenleving en cultuur onvoldoende kennen.' Daarom stelde hij een straf integratiebeleid voor.

Marijnissen van de SP herhaalde wat hij al twintig jaar lang zei: 'ze hebben het allemaal over integratie, in feite tekent zich segregatie af.'

Op 15 mei 2002 verloor de PvdA tweeëntwintig zetels, de VVD veertien zetels en D66 zeven zetels.

De christendemocraten kregen er veertien bij, de SP vier. Maar de grote overwinnaar was de LPF. De nieuwe groepering kwam met zesentwintig zetels de Kamer in.

## 15 De woede van de gewone man

'Ik zou alle politici willen verzuipen,' zei Wim van Wensveen. Met zijn grote lijf zat hij kettingrokend op de bank televisie te kijken. 'Het zijn allemaal bedriegers in Den Haag,' meende hij. En voegde eraan toe dat hij daar niet altijd zo over heeft gedacht. Van Wensveen, zeventig, kwam oorspronkelijk uit de Spaarndammerbuurt in Amsterdam, waar hij zijn vrouw Els leerde kennen. Een ruige omgeving was het, waar 'de ene straat vocht tegen de andere'. Er woonden communisten, anarchisten, zijzelf kwamen uit een sociaaldemocratisch nest. De vader van Els was jeugdleider bij de Arbeiders Jeugd Centrale.

De Van Wensveens trokken in hun jonge jaren met de rode vlag voorop de stad door. Om van het volksdansen en gezamenlijk kamperen nog maar te zwijgen.

Sinds 1986 wonen ze aan de Schoolwerf, de allereerste straat van polderstad Almere. Wim van Wensveen werkte jarenlang als buschauffeur in Amsterdam. Hij was nog steeds lid van de vakbond en stemde altijd op de PvdA. Bij de verkiezingen van mei 2002 gaf hij zijn zoon Cor opdracht namens hem op Pim Fortuyn te stemmen. Els en Wim van Wensveen gingen namelijk twee keer per jaar vijf weken naar Frankrijk. Ook tijdens de verkiezingen zaten ze daar.

Ze voelden zich in de steek gelaten door de PvdA.

Hij: 'De PvdA was er voor de gewone man, maar nu niet meer.'

Zij: 'Voor ons soort mensen wordt het steeds minder. Dat stoort me.'

Hij: 'Ik was vanmorgen bij de trombosedienst, daar hadden ze het er allemaal over. Een vrouwtje moest van het zangkoor af, ze kon het niet meer betalen.'

Zij: 'De gewone mensen zijn in de meerderheid, maar ze krijgen niets voor elkaar.'

Hij: 'Pim zei waar het op staat, dat de PvdA één groot slap zootje is.'

Een paar huizen verderop woonde zoon Cor met zijn vrouw Mary, drie kinderen en Aleida, hun chihuahua. Van meters afstand was hun kleurrijke balkon al te zien. Bloementrossen, wijnranken, parasols, ze hadden er zo veel aandacht aan besteed dat SBS6 er zelfs filmopnamen van kwam maken. De kleine huiskamer stond vol met beertjes, poppen en andere snuisterijen. Nog afgezien van de houten klomp, de koekoeksklok en de vogelkooi aan de muur. Dochter Mellony van zes keek televisie, zoon Delano van anderhalf blèrde vanuit de box om aandacht.

Cor beschouwde de verhuizing van de familie uit Amsterdam-West naar het nieuwe polderland als een vooruitgang: 'De Spaarndammerbuurt heette ook wel de moord- en brandbuurt. Het verbaasde niemand als er een fikkie werd gestookt of iemand werd omgelegd. Almere is rustiger, de irritaties zijn hier van een andere orde.' Maar die irritaties werden wel steeds groter. Het huis van Cor en Mary was klein, zeker sinds ze drie kinderen hadden. Aan een nieuwe woning komen was in Almere niet eenvoudig. Vrijkomende huurhuizen werden te koop aangeboden of toegewezen aan mensen die het predikaat 'urgent' hadden verworven. Niet zelden waren dat immigrantenfamilies. 'Terwijl wij op de wachtlijst worden gezet.'

Ze hadden allebei op de LPF gestemd en waren nog absoluut niet over de gewelddadige dood van Pim Fortuyn heen: 'Er is te veel gebeurd waar de politiek geen acht op heeft geslagen: de scholen die veel te groot zijn geworden, de wachtlijsten in het ziekenhuis, de toestroom van allochtonen. Hij stond daartegen op. Iedereen hier in de buurt had het over Pimmie. We geloofden in hem. De dag na de moord zeiden de mensen tegen elkaar: nu is het afgelopen met Nederland.'

Op het eerste gezicht had Almere-Haven, de oudste wijk van de groeigemeente, alles wat bewoners zich konden wensen: huizen met tuintjes, een winkelcentrum op loopafstand, de kade met talloze terrassen en restaurants, de seksshop Almera ('voor al uw erotica-artikelen') en twee dierenwinkels voor de vele honden en katten in de buurt. Toch was de onvrede groot.

Bij de gemeenteraadsverkiezingen van 6 maart en de Tweede Kamerverkiezingen van 15 mei 2002 werd in gebouw Corrosia (waar stembureau 10 was gevestigd) massaal tegen de gevestigde partijen gestemd. Op 6 maart was de plaatselijke partij Leefbaar Almere de grote winnaar. Op 15 mei wijlen Pim Fortuyn. Op hem werden anderhalf keer zo veel stemmen uitgebracht als op de PvdA.

Op een terras met uitzicht op de haven van Almere legde Nico van Duijn uit waarom. Van Duijn werkte sinds jaar en dag als huisarts in de buurt, richtte de plaatselijke afdeling van de PvdA op, maar was inmiddels fractievoorzitter van Leefbaar Almere in de gemeenteraad. De dokter woonde aanvankelijk zelf ook op de Schoolwerf, waar rond 1976 de polderpioniers neerstreken. Nu had hij er nog steeds veel patiënten. In zijn spreekkamer in gezondheidscentrum De Haak aan de Schoolstraat maakten ze hem deelgenoot van hun zorgen en grieven.

'"Eigen volk eerst"-denken bespeur ik niet om me heen,' meldde hij. 'Er wordt wél gezegd: eigen Almeerders eerst. Dat richt zich niet per se tegen de allochtonen, maar tegen iedereen die zich hier nieuw vestigt zonder economische binding met Almere. Het is weinig bekend, maar dertig procent van de inwoners bestaat inmiddels uit allochtonen. Grote gezinnen waarvoor in Flevoland nog plaats is en in steden als Amsterdam minder. Daarom komen ze hier.'

De autochtone bewoners van de Schoolwerf omschreef hij als 'bescheiden, doorsnee mensen'. 'Ze hebben banen als buschauffeur, bejaardenverzorgster of bouwvakker. Het grootste deel komt oorspronkelijk uit Amsterdam en dat valt nog te merken. Er wordt rauw Jordanees gesproken, met de grote bek die daarbij hoort. Ze maken zich zorgen over het gebrek aan veiligheid. Vroeger had je hier één alcoholistencafé. Als je daar niet kwam, werd je niet lastiggevallen. Dat is nu anders.'

Van Duijn onderstreepte het verschil tussen zijn eigen partij en de nazaten van Pim Fortuyn. Leefbaar Almere was links georiënteerd en sloot na de verkiezingsoverwinning een coalitie met PvdA, GroenLinks en CDA. Hoe het dan viel te verklaren dat veel aanhangers van Leefbaar Almere op 15 mei op de LPF stemden?

Van Duijn: 'Het ging niet om een keus tussen links of rechts, maar om een proteststem tegen de gevestigde orde.' Maar, voegde hij daar meteen aan toe: 'In mijn spreekkamer merk ik de sympathie voor Fortuyn.'

Als je bij de bewoners van de Schoolwerf langsging, kreeg je veel ontevreden verhalen te horen. Bijna iedereen idealiseerde de beginperiode, toen Almere-Haven letterlijk vanuit het niets moest worden opgebouwd. De bewoners stonden dicht bij elkaar, ze hadden elkaar nodig. Politieke partijafdelingen, sportclubs, de padvinderij, de vereniging die de sinterklaasintocht organiseerde – alles wat elders in Nederland allang bestond, moest in de polder opnieuw worden uitgevonden. Dat lukte alleen als je het samen deed.

De buurt kende – zoals wetenschappers als Kees Schuyt het later zouden noemen – een enorme mate van sociale cohesie. Voor mensen die in Amsterdam driehoog achter hadden gewoond, betekende het een grote stap vooruit om een eigen huis met een tuintje te krijgen. Tot de euforie droegen ook de zaterdagse bezoekjes van de sociaaldemocratische landdrost Han Lammers bij. Die leidde gasten rond om te laten zien welk een idyllisch arbeidersparadijsje rond de werven ontstond.

Maar nu, een kwarteeuw later, was er van het elan uit de pioniersdagen weinig meer over. Je had niet meer zo veel contact met elkaar als vroeger. Je paste niet meer op elkaars kinderen. Het was killer en minder gezellig dan toen. Iedereen die we spraken beklemtoonde dat – zij het in verschillende bewoordingen. Zoals vrachtwagenchauffeur Harry van der Most het formuleerde: 'Vroeger was het knusser. De mensen waren nog close met elkaar.'

Tot het gevoel er alleen voor te staan, droeg bij dat Almere-Haven geen kleinschalig experiment meer was, maar inmiddels samen met Almere-Stad en Almere-Buiten deel uitmaakte van een van de grootste gemeenten van Nederland. Voorzieningen die eerst speciaal voor de buurt waren getroffen waren, waren ontmanteld of verplaatst naar het grotere Almere-Stad. Dat zat de bewoners van het eerste uur niet lekker.

Yvonne Duyts, werkzaam in de thuiszorg: 'De politie is nog alleen tussen twaalf en vijf te bereiken. De EHBO-post die er was, hebben ze ook weggehaald. Ik heb het aan mijn rikketik. Als mijn hart oversloeg, kon ik vroeger hier meteen aan de monitor worden gelegd. Nu moet ik daarvoor naar de stad.'

Cor van Wensveen: 'Mijn vrouw heeft een postnatale depressie gehad. Toen we 's avonds laat medicijnen wilden halen, kon dat niet in Almere-Haven maar alleen nog in Almere-Stad. Ik heb een auto, dus voor mij is dat geen probleem. Maar voor oudere mensen is het dat wél.'

Ook de tijd dat je de huisdeur niet op slot hoefde te doen als je even bij de buren wilde binnenwippen, was voorgoed voorbij. Bijna iedereen vertelde over het bushokje vlak achter het woonerf waarvan de ruiten voortdurend werden ingegooid. Over de verloedering van woningen die door nieuwkomers van buiten Almere – vaak buitenlanders dus – waren betrokken. Daar hingen geen gordijnen voor de ramen. Zo'n huis had geen uitstraling meer. En dan waren er nog de hangjongeren die het winkelcentrum onveilig maakten. Harry van der Most: 'Er loopt daar allerlei gespuis rond. Vooral 's avonds is het daar voor vrouwen niet prettig.'

Dat soort verhalen kregen we vaker te horen.

'Een net straatje vinden we in Nederland heel belangrijk,' zei Elly Rijnbeek, gepensioneerd, maar vroeger werkzaam in de gezinszorg. De inrichting van haar kamer getuigde van dezelfde properheid. Alles zag er even keurig uit. Vanmiddag was buurvrouw Anneke Bekkering bij haar op bezoek. Ze had nooit een betaalde baan gehad, al deed ze een tijd lang dienst als voorleesmoeder op de plaatselijke basisschool.

Elly Rijnbeek: 'Ik durf ook overdag niet meer met de fiets naar Almere-Stad. Er is daar laatst weer een invalide overvallen.'

Anneke Bekkering: 'Vorige week stond er nog iemand met een alarmpistool te zwaaien bij ijssalon Mariola.'

Elly Rijnbeek: 'En afgelopen vrijdag werd op de markt een van de marktmeesters neergestoken.'

De dames gingen 's avonds niet meer alleen de straat op. Allebei wezen ze de beschuldigende vinger in de richting van de buitenlanders die Almere-Haven tegenwoordig ook bevolkten.

Elly Rijnbeek bleef op 15 mei uit gewoonte het CDA trouw. Maar diep in haar hart had ze liever op de LPF gestemd. In het Amsterdamse Oosterpark, waar ze oorspronkelijk vandaan kwam, maakte ze mee hoe migranten langzamerhand de meerderheid van de buurt gingen uitmaken. Ze moest er niet aan denken dat zich dat in Almere-Haven zou herhalen.

'Ik ben hier naar toe gevlucht voor de buitenlanders. Voor de Marokkanen die stonden te dealen in mijn portiek. Ik ben Amsterdamse in hart en nieren, maar dat ging me te ver.'

Ook in Almere werden de allochtonen voorgetrokken, vond ze: 'Ze hebben lang fietsles en zwemles op kosten van de gemeente gekregen. De autochtonen moesten daar zelf voor betalen. Ik vind het idioot dat nu hier ook al moskeeën worden gebouwd. Ik ben zelf rooms-katholiek, maar voor mij bouwen ze toch ook geen kerk in Verweggistan?' Haar slotsom over de allochtonen: 'Het zijn mensen, net zoals wij, maar je voelt je op het laatst hier geen Nederlander meer.'

Buurvrouw Anneke Bekkering (vroeger PvdA-stemmer, maar bleef op 15 mei thuis) viel Elly Rijnbeek bij: 'Ik ben niet vol haat tegen buitenlanders, maar we hebben ze te veel met open armen ontvangen.'

Het thema 'ik ben Amsterdam niet voor niets ontvlucht' kwam in meer gesprekken voor. 'Ik ben in 1985 aan het getto van Bos en Lommer ontsnapt,' zei LPF-stemmer Yvonne Duyts. 'In de klas van mijn kinderen waren nog maar vier van de vijfenveertig leerlingen Nederlands.' Nog even en ook de Schoolwerf was een getto, vreesde ze: 'Zodra er een woning vrijkomt, douwen ze er buitenlanders in. Deze buurt holt achteruit.'

In de woning van Harry en Ilona van der Most herinnerden tientallen bekers en oorkonden aan de tijd dat de heer des huizes in zijn vrije uren politiehonden africhtte (een was er zo goed dat die later in dienst werd genomen door de politie van Chicago). De vrachtwagenchauffeur vertelde dat hij het liefst bij de PvdA was gebleven ('Ik ben van huis uit socialist'). Maar bij de Tweede Kamerverkiezingen kwam hij niet bij het stembureau opdagen.

Bij zijn oude partij miste hij het 'sociaal gevoel'. De 'werkende mensen' werden te vaak vergeten. De aandacht ging vooral uit naar de nieuwkomers van buiten.

'We zijn maar een klein klotelandje, maar we worden overspoeld door buitenlanders,' merkte Van der Most op. 'Dat kost de gemeenschap veel geld. Het land gaat naar de donder en wat doet de PvdA? Die heeft oogkleppen op.'

Vroeger, toen hij nog bij de stadsreiniging werkte, maakte de chauffeur de komst van de eerste gastarbeiders mee.

Prima mensen waren dat ('Die namen deel aan het arbeidsproces'). Nu was dat niet altijd meer zo.

'Als ik in mijn autootje bij een stoplicht sta, zie ik nog alleen dure BMW's en Mercedessen om me heen met types erin waarvan je denkt: die werken niet gewoon bij de slager of de timmerman. Er wordt steeds gezegd dat de buitenlanders gediscrimineerd worden. Maar door de tolerantie die we hebben opgebracht, worden wij, de autochtonen, nu gediscrimineerd.'

## 16 Onkruid tussen de tegels

'De PvdA is in de ogen van de kiezers: te bestuurlijk en te geïsoleerd, te weinig betrokken, houdt geen rekening met de emoties van mensen.' De partij is 'te uitleggerig en overtuigd van het eigen gelijk'. Dat schreef de commissie-Andersson na de verpletterende verkiezingsnederlaag van 15 mei (de PvdA ging van vijfenveertig naar drieëntwintig zetels) in het rapport 'Onder een gesloten dak groeit geen gras'. Geen slechte typering. Op de Schoolwerf vonden ze dat al langer.

De herinnering aan de ongedwongen manier waarop een overheidsdienaar als Han Lammers in het begin met de bewoners van de buurt omging, vervaagde langzaam. Toen de gemeente groeide en een volwassen ambtelijk apparaat opbouwde, werd het steeds moeilijker tot de politici door te dringen. Het gemeentehuis (inmiddels gevestigd in Almere-Stad) was vooral met zichzelf in gesprek. De burgers raakten – zoals sociologen dat met een duur woord noemen – gaandeweg van het bestuur vervreemd. Het leidde tot gemopper op de gevestigde politiek, maar vooral op de PvdA, de partij die in Almere lang de grootste was en waarmee de 'werkende mensen' op de Schoolwerf een sterkere emotionele band hadden dan met de VVD of D66.

Rond 2002 kon de gemeente Almere in de ogen van de

bewoners weinig goed meer doen. Iedereen klaagde wel over iets wat de overheid voor hen had moeten regelen. Over de traagheid waarmee op klachten werd gereageerd. Over de minachting die tentoon werd gespreid tegenover de gewone man.

De een kon zich eindeloos opwinden over de struiken die niet op tijd werden gesnoeid. De ander over het fietspad dat dwars door het woonerf liep en door brommerrijders als racebaan werd misbruikt. Een derde maakte zich kwaad over de glascontainers die zonder overleg met de bewoners bij de ingang van de straat waren geplaatst (groen glas, bruin glas en wit glas moesten in een aparte koker worden gestort) en over de strenge straffen die er stonden op het openlaten van de vuilnisbakken (eerst werd dan een gele kaart uitgedeeld, daarna een rode).

Niemand op de Schoolwerf kon het ongenoegen over het bureaucratisch optreden van de overheid zo gedreven onder woorden brengen als Cor van Wensveen, kelner in het enige echte Italiaanse restaurant van Almere-Haven. Op een kwade dag zag hij opeens mieren over zijn balkon kruipen. Van Wensveen was ervan overtuigd dat dat kwam omdat de gemeente had nagelaten het onkruid tussen de tegels voor zijn huis te wieden. Dáár kwamen die insecten vandaan.

De kelner: 'Ik ben een felle, ik ken alle nummers van het stadhuis uit mijn hoofd. Ik heb de wethouder gebeld en verteld over de mierenplaag. Ze zei: "Ik kan hier niets aan doen, het geld is op." Toen heb ik geantwoord: "Dat is dan simpel, dan betaal ik geen milieubelasting meer." "Dat kunt u niet doen, u bent verplicht te betalen," zei de wethouder. Waarop ik gedreigd heb dat ik ervoor zou zorgen dat de rest van de buurt ook niet meer zou betalen.' Triomfantelijk: 'Nou, binnen anderhalve week kwam de gemeente met veertig man sterk het onkruid weghalen.'

Maar zulke overwinningen op de gehate overheidsbureaucratie behaalde de buurt niet altijd. Het vertrouwen in het gemeentebestuur werd zwaar op de proef gesteld toen eind jaren negentig zonder enig overleg werd besloten om op het enige grasveldje dat de Schoolwerf nog rijk was een Marokkaans ontmoetingscentrum te bouwen. De autochtone bewoners waren *not amused*. Een door de gemeente in alle haast belegde inloopavond in de Goede Rede-kerk kon daar niet veel meer aan veranderen.

Ondanks de door de Marokkaanse Culturele Vereniging Almere (MCVA) rondgedeelde thee en zoete koekjes liepen de emoties hoog op. Toenmalig PvdA-wethouder van welzijn Lies Spruit, die het doelwit van de agressie van de bewoners was, kon het zich nog levendig herinneren.

'Ik hoopte op hoor en wederhoor in de Goede Redekerk,' zei ze. 'Maar iedereen was tegen.'

Spruit stoorde zich er vooral aan dat MCVA-voorzitter M. Kissami het spreken onmogelijk werd gemaakt. Een Marokkaans ontmoetingscentrum zou voor overlast zorgen, riepen de bewoners in koor. Misschien trok het ook wel criminaliteit aan.

De buurtbewoners vertelden ons stuk voor stuk dat ze niets tegen Marokkanen hadden, maar vooral kwaad waren dat de bouw van het centrum al een voldongen feit bleek te zijn. Dus werd een handtekeningenactie op touw gezet. Vrijwel de hele Schoolwerf tekende. En werden er uitspraken gedaan als: 'We zullen dit verhinderen, al moet de laatste steen uit de grond.'

De gemeenteraad probeerde tevergeefs de wethouder tot de orde te roepen.

Ze had eerder overleg met de buurt moeten voeren, werd gezegd ('Er is duidelijk sprake geweest van een gebrekkige communicatie richting de omwonenden'). De bouwplannen bestonden namelijk al twee jaar voordat de buurt geraadpleegd werd. Maar de toezeggingen aan de Marokkaanse culturele vereniging konden volgens B&W niet meer ongedaan worden gemaakt.

De bewoners besloten het daarop hogerop te zoeken. Een jaar lang werden ze van het kastje naar de muur gestuurd. Van de Nationale Ombudsman ('In reactie op uw brief moet ik u meedelen dat ik de kwestie die u voorlegt niet mag beoordelen') tot de bestuursrechter ('Het bouwplan voldoet aan alle voorschriften') – iedereen liet hen in de kou staan. Ondertussen voelden ze zich door de overheid steeds meer in de verdachtenbank geplaatst. Zo schreef GroenLinks-gemeenteraadslid Ruud Pet in zijn column in het plaatselijke *Dagblad van Almere* dat op de Schoolwerf 'discriminatie en racisme op de loer lagen'.

Vlak voor Kerstmis 1998 organiseerde de Almeerse Werkgroep Mensenrechten en Anti-Discriminatie een stille tocht om het gedrag van de bewoners aan te klagen. Met kaarsen en fakkels werd vanaf het stadhuis naar het Bezinningsmonument in het Mandelapark gewandeld. Voorzitter Kissami van de MCVA gooide olie op het vuur door de buurt van 'pure discriminatie' te betichten ('Wij zijn er zeker van dat als het geen Marokkaans ontmoetingscentrum was geweest, de oppositie veel en veel kleiner was geweest'). Toen voelden de bewoners van de Schoolwerf zich pas echt onbegrepen. De politiek had hen belazerd.

Luc en Sjoerdtje Vos woonden pal tegenover het ontmoetingscentrum dat in het voorjaar van 2000 zijn deuren (één aan de voorkant voor de mannen, één aan de zijkant voor de vrouwen) opende. Hij werkte bij een leverancier van kopieerapparaten, faxen en printers. Zij deed de debiteurenadministratie bij een cosmeticabedrijf. Bij de verkiezingen stemden ze op het CDA omdat ze Balkenende 'minder stoffig' vonden dan Melkert. Luc en Sjoerdtje waren actief in de Bewoners Belangen Vereniging de 'Werven' die de handtekeningenactie tegen de bebouwing van het grasveldje destijds initieerde. Ook zij beklemtoonden dat ze niets tegen Marokkanen hadden. Maar wel veel tegen de 'alles is al in kannen en kruiken'-houding van de gemeente.

Luc Vos: 'Vroeger hebben hier borden langs de kant van de weg gestaan met: Kom naar Almere, dat is een groene stad. Nu wordt alles volgebouwd. Hier tegenover was een van de laatste plekken waar de kinderen konden spelen. We vinden het een schande dat die verdwenen is.'

Sjoerdtje Vos: 'We hadden net onze huurwoning gekocht toen werd besloten daar een Marokkaans ontmoetingscentrum neer te zetten. Je denkt dan wel: misschien daalt ons huis nu in waarde. We nemen het de gemeente vooral kwalijk dat er zo geheimzinnig over is gedaan.'

Luc: 'We zijn voor een voldongen feit geplaatst.'

Sjoerdtje: 'Toen heb ik mijn vertrouwen in de overheid verloren.'

Luc: 'We zijn om de tuin geleid.'

Sjoerdtje: 'Ze doen alsof ze alles beter weten dan mensen als wij.'

De bewoners van de Schoolwerf bleken het erover eens dat het met de gevreesde overlast ten gevolge van de komst van de Marokkanen reuze was meegevallen. Je zag ze niet, je hoorde ze niet. Maar de hele gang van zaken werd de gevestigde politiek zwaar aangerekend.

Op een donderdagavond in augustus 2002 leidden voorzitter Kissami van de MCVA en zijn medebestuurslid Ahaggane ons rond door hun gebouw. Er was een grote gebedsruimte voor de mannen, een kleine voor de vrouwen. Een bescheiden winkeltje verkocht Marokkaans brood en watermeloenen. De bovenverdieping werd in beslag genomen door een grote kale zaal waar mannen rond een tafel thee zaten te drinken. Van de beloofde open dag voor de buurt was het nog steeds niet gekomen, gaven Kissami en Ahaggane toe. Op een prikbord bij de voordeur hing een aankondiging van een lezing over de islam voor moslimvrouwen, een oproep financiële hulp te geven aan de Islamic Relief en het dienstrooster van de veerboot van Almeria (Zuid-Spanje) naar Nador (Noord-Marokko). Daarnaast prijkte trots de naam van de instelling: moskee Ataouba. Geen woord over een ontmoetingscentrum.

Was dat niet een beetje raar?

'Als de Marokkanen er nu een moskee van hebben gemaakt, kan me dat niet schelen,' reageerde oud-wethouder Spruit. 'Dat is hún zaak.'

Op 15 mei 2002 hadden de bewoners van de Schoolwerf wraak genomen door in groten getale op Pim Fortuyn te stemmen. Een paar maanden later hadden ze al weer spijt van die keus. Dat kwam door alle ruzies en ruzietjes die meteen na de kabinetsformatie in de boezem van de LPF uitbraken.

Veel bewoners van de Schoolwerf overwogen de volgende keer helemáál niet meer naar de stembus te gaan. Want boos bleven ze.

De gouden bergen die Han Lammers hun had beloofd, waren van zilver gebleken, terwijl het inmiddels eigenlijk diamanten bergen hadden moeten zijn. Bijna iedereen had een aardig huis, voorzien van inbouwkeuken, kleurentelevisie en een personal computer op zolder. De uitstapjes die hun ouders zich hoogstens naar Zandvoort aan Zee en de Blaricumse heide konden veroorloven, waren vervangen door weken met de caravan naar Frankrijk of uitblazen in Portugal.

De bewoners van de Schoolwerf hadden het beter dan de generatie vóór hen, maar toch waren ze niet tevreden over wat het leven hun had gebracht. Ze voelden zich gekleineerd door de overheid en koesterden de diepgewortelde overtuiging dat de gevestigde politiek ongeveer iedereen beter behandelde dan de 'gewone mensen'. Dat de buitenlanders werden voorgetrokken. Dat de PvdA, die het vroeger voor hén opnam, haar zorgzame hand inmiddels vooral naar de allochtonen uitstrekte. En als je daar iets van zei, werd je door de linkse politici ook nog eens voor racist uitgemaakt. Op zo'n moment voelden de buurtbewoners zich helemaal onbegrepen.

## 17 In chador naar school

'Ik sla alarm,' zei Ankie Verlaan, de voorzitter van het ROC-Amsterdam, die sinds 9/11 probeerde 'de problemen boven tafel te krijgen.' Haar grootste zorg aan het eind van het bewogen jaar 2002: het groeiende aantal vrouwelijke studenten dat een hoofddoekje nog niet verhullend genoeg vond en dus in chador gekleed op school verscheen. Waardoor je hun ogen niet meer kon zien. En: de toenemende klacht van docenten dat ze niet wisten hoe ze met hun allochtone leerlingen moesten omgaan.

Het dragen van een chador was zo'n trend geworden dat Verlaan besloot het dragen van gewaden die het gezicht bedekken binnen de muren van het ROC te verbieden. De studentes stapten naar de Commissie Gelijke Behandeling omdat ze vonden dat ze het recht hadden hun geloof op hun manier te belijden. Maanden later stelde de commissie Verlaan in het gelijk. Een chador dragen was op school niet erg praktisch, stelden de hoeders van de gelijke behandeling vast.

Verlaan werd na haar interventie overladen met adhesiebetuigingen van autochtonen. De toon van de telefoontjes beviel haar niet.

'Die bellers riepen erbij dat alle buitenlanders het land uit moeten. Vreselijk! Ik wil geen Pim Fortuyn worden.' Daar dacht je ook niet aan bij Verlaan. Ze was het fatsoen zelve, betrokken, genuanceerd. Maar het werk in het onderwijs was wel steeds moeilijker geworden. Het regende vervelende incidenten.

Kerstmis 2002 ontstond ophef over het geschenk dat de docenten aan het eind van het jaar kregen. Een fotograaf had portretten van leerlingen gemaakt. Marokkaanse meisjes met hoofddoeken, maar ook met piercings en sexy kleding. Stoere jongens op hun brommer en tijdens het tafelvoetballen in de kantine. De leerlingen mochten voor het boek een collage maken van teksten en afbeeldingen die hen aanspraken. Natuurlijk kozen ze ook voor fotootjes van hun nieuwe held Osama bin Laden. Een aantal leerkrachten – onder wie een van joodse afkomst – weigerde het Kerstcadeau in ontvangst te nemen.

Ankie Verlaan vond die reactie overdreven. 'Ik denk dan: loop eens door onze schoolgebouwen en kijk wat de leerlingen in de kantine opplakken. Afbeeldingen van Bin Laden, hakenkruizen. Wij hebben nu eenmaal veel jongeren in huis die in de ban zijn van Osama bin Laden. Ik kan me de geschoktheid van de joodse docenten voorstellen, maar feit is dat een groot deel van onze leerlingen zo denkt. Daar moeten we mee leren omgaan.'

Sommige docenten waren zo afgeknapt op hun leerlingen dat ze hun portretten niet ook nog eens in de kerstvakantie wilden zien.

'Ze willen ook onder werktijd niet te veel met deze leerlingen geconfronteerd worden. En dan gaat het niet alleen om docenten van middelbare leeftijd, die nog uit de tijd stammen dat er keurige witte jongetjes bij hen in de klas zaten. Ook hun jongere collega's hebben moeite met deze leerlingen. De omslag naar een nieuwe, voornamelijk zwarte populatie vergt nogal wat. Sommigen zouden hun leerlingen het liefst willen ontlopen.'

Verlaan zelf vond dat je van professionals mocht verwachten dat ze zich niet persoonlijk voelden aangevallen. 'Maar mij valt op dat een groot deel van de leraren daar niet toe in staat is.'

Precies op hetzelfde moment speelde de kwestie rond het dragen van de chador. Dit bracht de kennisoverdracht in gevaar, vond Verlaan. Ze speelde het hard.

'De meisjes wilden er niet over praten, ze zeiden alleen: "Dit is mijn geloof." Punt. Het ging om zeer ingeburgerde meiden die vloeiend Nederlands spraken. Een aantal docenten weigerde nog langer les aan hun te geven. "Dat kan ik niet," zeiden ze, "we willen het gezicht van de leerlingen kunnen zien." Ik ben met de meisjes gaan praten. Over hun toekomst. Ze volgden de opleiding tot ziekenverzorgster. Wilden ze met een chador aan dat werk doen? Vergis je niet, de meeste meisjes op deze school zijn heel succesvol. Maar ik kan me niet voorstellen dat je als patiënt verzorgd wilt worden door iemand die je niet ziet.'

Docenten en leerlingen die elkaar niet meer lustten. Ankie Verlaan: 'Ik vind het een ont-zet-tend moeilijke tijd.'

Ze was niet de enige die het mis zag gaan.

## 18 Kankerjood

November 2003 stuurden Cohen en zijn wethouder van Onderwijs Rob Oudkerk een brief aan de onderwijsinstellingen met het verzoek de gemeente voortaan te rapporteren over anti-semitische incidenten die zich voordeden.

Dat was niet voor niets.

Jacob Eikelboom, docent Nederlands aan het Calvijn College in Amsterdam-West: 'Klasgenoten schelden elkaar voor kankerjood uit. Dat vind ik geen normaal pubergedrag meer.'

Ook volgens zijn collega Carolien van Aken gebruikten leerlingen steeds vaker termen als vuile jood: 'In het begin wist ik niet wat ik hoorde.' Inmiddels keek ze nergens meer van op. De historica zorgde er wel voor dat haar – voor zestig procent Marokkaanse – leerlingen zich verdiepten in onderwerpen als: waarom begon Hitler de Tweede Wereldoorlog en wat had de Duitse leider tegen de joden?

Martine Uleman, docente aan het Sweelinck College in Amsterdam-Zuid, gaf vroeger les aan een 'witte' vmbo-school. Ook daar liepen de leerlingen niet altijd warm voor verhandelingen over iets dat zo lang geleden gebeurd was als de Tweede Wereldoorlog. Maar als ze het een beetje persoonlijk maakte, lukte het.

'Ik legde bijvoorbeeld uit dat Hitler veel van dieren hield. Eigenlijk was het een gewone man die rare dingen met mensen deed. Dat sprak aan'.

Op het 'zwarte' Sweelinck College merkte ze dat het bij allochtone leerlingen nog veel gecompliceerder lag.

'Ze halen informatie voor hun spreekbeurt over het Midden-Oosten uit kranten waarin zelfmoordenaars verheerlijkt worden. Ze beweren dat Israëlische soldaten dronken op Palestijnen worden afgestuurd. Het verbijstert me dat ze zulke verhalen voor waar houden.'

Haar collega Gina Bruyne: 'Ze kunnen het onderscheid tussen joden en Israëliërs gewoonweg niet maken. Niemand in hun omgeving legt ze uit hoe het wél zit.'

De 'gewone man' in plaatsen als Almere-Haven nam de politiek kwalijk dat die de allochtonen had voorgetrokken. Ze reden luid toeterend in dikke BMW's rond terwijl de oppassende burger van zijn karige salaris de eindjes maar net aan elkaar kon knopen. De Marokkaanse en Turkse jongeren in Amsterdam vonden juist dat zij werden achtergesteld. Ze konden niet meer aan een baan komen en zelfs niet aan een stageplaats. Ze reageerden zoals de professoren Entzinger en Heitmeyer voorspelden: wie zich voelt buitengesloten, neemt onverzoenlijke standpunten in. Ze omhelsden de radicale islam. De docenten aan het VMBO wilden niet lesgeven aan leerlingen die Bin Laden verafgoodden.

Iedereen voelde zich door de ander in het nauw gedreven.

## 19 Land zonder kompas

In Den Haag waren de kibbelende LPF-bewindslieden binnen een jaar uit het kabinet gezet. Begin 2003 won premier Balkenende – met de hakken over de sloot – de verkiezingen die daaropvolgden. Dit keer sloot hij een monsterverbond met VVD en D66.

De geest van Pim Fortuyn waarde nog steeds rond op het Binnenhof. In zijn regeringsverklaring zei Balkenende dat hij zich wilde inzetten voor een samenleving waarin iedereen meedeed. De burgers hadden het idee gekregen dat de overheid geen begrip opbracht voor hun problemen, signaleerde de premier. Ze voelden zich niet op hun gemak in een land dat snel bezig was te veranderen. Daarom waren gezamenlijke waarden en normen belangrijk. Ook de immigranten moesten volop 'meedoen'. Meer werk zou worden gemaakt van de inburgeringscursussen. Want: 'Leven in Nederland is niet vrijblijvend.'

Een van de eerste taken die het kabinet zich stelde was voorlichting geven aan het buitenland. Geen overbodige luxe, want over de grens waren ze vreemd gaan aankijken tegen een land waarin op klaarlichte dag een politicus was vermoord en waar het ene kabinet het andere in sneltreinvaart opvolgde. Begrepen werd niet waarom de altijd zo nuchtere Hollander ineens was veranderd in een getergde burger.

Natuurlijk: het beeld van Nederland in de wereldpers was gaandeweg al bijgesteld. Verdwenen waren de tulpenvelden en klompendansen. Hun plaats was ingenomen door coffeeshops die hasj verkochten (en niet eens onder de toonbank), engelen des doods die op verzoek een einde aan je leven kwamen maken en homopaartjes die elkaar het jawoord gaven. Een tolerant land, dat Nederland, waar politieagenten lang haar hadden en oorringetjes droegen en ministers niet omringd werden door bodyguards, maar zich gewoon op de fiets naar kantoor begaven. De enige kritiek die je in het buitenland wel eens hoorde, was dat Nederland zo godvergeten saai was. Voor de rest overheerste de lof. Wie rond de eeuwwisseling op het idee was gekomen zijn artikel 'There's something rotten in Holland' te noemen, zou meteen naar de dichtstbijzijnde gesloten inrichting zijn doorverwezen. Maar al in 2002 werden zulke headlines eerder regel dan uitzondering.

Vlak voor de Tweede Kamerverkiezingen waarin de PvdA werd gehalveerd, raadde de Londense *Economist* de Nederlanders nog aan hun zegeningen te tellen: geen massawerkloosheid, een goed functionerende verzorgingsstaat, wat verlangde een mens nog meer?

In september 2002 maakte Elisabeth Kolbert van *The New Yorker* een stadswandeling door Rotterdam. Ze zocht tevergeefs naar de ellende in de sloppenwijken die kon verklaren waarom zo veel bewoners een proteststem op Pim Fortuyn hadden uitgebracht. Kolbert: 'Wat de Nederlanders sloppenwijken noemen, zou je in Amerika tot de buurten voor de middenklasse rekenen.'

Het Vlaamse dagblad *De Standaard* had wel lont geroken. Al in het najaar van 2001 werd uitgebreid aandacht besteed aan de electorale kansen van Fortuyn. 'Er waart een gevoel van ongenoegen door Noordwest-Europa,' signaleerde de krant. Wie het eerst het taboe op onderwerpen als de multiculturele samenleving en de immigratie doorbrak, kon het ver brengen.

Echt wakker werd het buitenland pas toen Fortuyns lokale dochteronderneming Leefbaar Rotterdam in één klap de verkiezingen won. Vleiend waren de oordelen over de man die ten onzent liefkozend 'Pimmetje' werd genoemd meestal niet. Volgens *The Times* vormde zijn verkiezingsoverwinning een bewijs voor het oprukken van 'Europa's xenofoob rechts'. 'Boosaardigheid is zijn concept, retoriek zijn wapen,' constateerde de *Frankfurter Allgemeine Zeitung*. Uitzondering vormden de glossy magazines en websites waarover de internationale gayscene beschikte. Die juichten toe dat de homoseksuele academicus de oorlog aan potenrammers van Marokkaanse komaf had verklaard. De adoratie kende in deze kring geen grenzen. De *Gay International Press* riep Fortuyn uit tot de 'Jezus van onze tijd'.

Op 5 mei 2002 – Fortuyn had nog maar vierentwintig uur te leven – maakte *The New York Times* hem nog voor 'rechtse raddraaier' uit. Anders dan Le Pen en Dewinter had hij niets met oude mannen die hun ss-uniform tussen de mottenballen hadden opgehangen. Integendeel: de Rotterdammer legde een uitgesproken voorkeur voor kostuums met modieuze stropdassen aan de dag. Dat nam niet weg dat hij enge ideeën had. Ook *De Standaard* noemde hem rond die tijd een 'fascist in maatpak'.

Na het 'Kruisigt hem!' volgde het 'Hosanna!'

De schoten die maandagavond 6 mei in het Mediapark in Hilversum werden afgevuurd, waren in de hele wereld te horen. De 'Glatzkopf', de 'baldheaded radical', de 'maverick right-wing politician' groeide na zijn dood uit tot een idool. Alle redacties werden op het vliegtuig naar Schiphol gezet. Minstens driehonderd buitenlandse verslaggevers waren getuige van de stille tocht langs het stadhuis aan de Rotterdamse Coolsingel, het plechtig neerleggen van knuffels en gedichtjes bij het nationaal monument op de Dam, de uitvaartmis aan de Mathenesserlaan, de begrafenis in Driehuis en de verkiezingsavond in Den Haag.

*The Economist* en *Newsweek* wijdden coverstory's aan de man die gisteren nog een poldervariant van Jörg Haider werd genoemd, maar nu 'het enfant terrible van Nederland', 'een politicus die taboes wilde doorbreken' en 'een potentiële minister-president'.

De meeste commentatoren tastten in het duister over de vraag hoe het vreedzame Nederland het toneel had kunnen worden van de eerste politieke moord die zich sinds 1672 (toen de gebroeders De Witt door het gepeupel werden afgemaakt) had voorgedaan.

Aan de vele paradoxale kanten van het verschijnsel-Fortuyn werden er nu nog een paar toegevoegd: een dierenvriend die was vermoord door een vegetariër, zoiets buitenissigs kon volgens de buitenlandse pers alleen in Nederland gebeuren. Dat 1,7 miljoen kiezers hun stem op een dode uitbrachten, bevreemdde de internationale journalistiek ook enigszins.

Hoog tijd voor zendingswerk in het buitenland dus.

Intellectuelen als Cees Nooteboom, Harry Mulisch, Paul Scheffer en schrijver Leon de Winter probeerden in essays in *Die Welt* en *Die Zeit* het fenomeen-Fortuyn te duiden.

Dat had maar gedeeltelijk succes. Gezaghebbende kranten als *Le Monde* bleven de vermoorde volkstribuun van vreemdelingenhaat betichten. Balkenendes poging om met de LPF te regeren werd door *Der Spiegel* 'Projekt Chaos' gedoopt. Waaraan werd toegevoegd: 'Nederland, vroeger de modelleerling van de Europese Unie, is nu een onberekenbare factor geworden.'

Zulke commentaren werden met lede ogen gevolgd door de bovenlaag van de Nederlandse samenleving: de directies van multinationals als Unilever en Shell, de belangenorganisaties van werkgevers en werknemers, de vaste bezoekers van symposia van mondiaal ingestelde genootschappen als de Atlantische Commissie, de Europese Beweging en het instituut voor internationale betrekkingen Clingendael.

Voorjaar 2003 sloegen vice-president van de Raad van State Herman Tjeenk Willink en directeur van De Nederlandsche Bank Nout Wellink alarm.

Nederland had zich altijd open tegenover de buitenwereld opgesteld, maar sinds de fortuynistische revolte was dat veranderd, signaleerden ze. De politiek hield zich nog alleen bezig met vragen als: hoe overbruggen we de kloof met de boze burger? De relatie met het buitenland werd van minder groot belang geacht.

'We waren het afgelopen jaar vooral met onszelf bezig, met eigen emoties, met de incidenten van de dag,' merkte 'onderkoning van Nederland' Tjeenk Willink afkeurend op. Zowel hij als Wellink vonden dat Nederland te veel met zijn eigen problemen bezig was en zich op die manier isoleerde van de rest van de wereld.

Ook Fred van Staden, directeur van Clingendael, hoorde niet anders dan dat Nederland als 'probleemland' werd gezien: 'Vaak zijn het ambassadeurs die zich beleefd uitdrukken, maar ze zeggen het wel. We dachten dat Nederland een stabiel en saai land was, met een internationalistische oriëntatie, wordt dan opgemerkt. Maar tegenwoordig zijn jullie wel erg naar binnen gekeerd.'

Nederland was te lang geregeerd door bestuurders die zich vereenzelvigden met het kosmopolitisme, had Paul Scheffer ons eerder gezegd. Ze noemden zich wereldburger en wilden alle grenzen opheffen. Die elite begreep niet dat een groot deel van de bevolking het bestaan van grenzen ervoer als iets wat bescherming gaf. Door de weigering van de elite om dat soort gevoelens serieus te nemen kon er een politicus opstaan die zei: grenzen dicht. Scheffers stelling was dat een slecht doordacht kosmopolitisme een populistische reactie veroorzaakte.

De leden van die kosmopolitische elite waren not amused toen we hun de uitspraken van Scheffer voorlegden. Van Staden vond het vreselijk dat de politici zich nog alleen maar bekommerden om de vergeten burger die zich verwaarloosd en verweesd voelde.

'De opkomst van het populisme en de revolte van Fortuyn hebben de spraakmakende gemeente, de elite met een kosmopolitische instelling, in het defensief gedrongen,' zei hij treurig. De directeur van Clingendael verweet politiek Den Haag een gebrek aan ruggengraat: 'Er wordt geen leiding meer gegeven aan het debat. Het zich conformeren aan de publieke opinie is voor de politici hun tweede natuur geworden.'

Herman Wijffels, na topfuncties bij Landbouw en de Rabobank voorzitter van de Sociaal-Economische Raad, begreep wel waarom het kosmopolitische denken zo'n deuk had opgelopen: 'De bestuurlijke elite heeft zich in de ogen van het volk niets aangetrokken van de noden van het volk en daar is een populistische reflex op gevolgd. Het volk houdt de bestuurlijke elite nu bij de les. Dat is de betekenis van het fenomeen-Fortuyn. Natuurlijk hebben de mensen het hier beter dan in de derde wereld of in Oost-Europa. Maar dat is niet de maatstaf die ze zelf aanleggen. De mensen zijn gaan vinden dat ze recht hebben op een goed leven. Dan worden zaken als de wachtlijsten in de zorg en de treinen die niet op tijd rijden als een inbreuk daarop ervaren.'

Wijffels vond het goed dat de bestuurlijke elite tot de orde werd geroepen: 'Maar het heeft wel tot een overreactie geleid. De balans is totaal zoek. We zijn op dit moment een land zonder kompas.'

## 20 De puinhopen van Pim

Laurens Jan Brinkhorst had naar eigen zeggen vijfentwintig jaar lang met zijn 'poten in de klei gestaan'. Op jonge leeftijd was hij al hoogleraar Europees recht aan de Groningse universiteit. Den Uyl haalde hem naar Den Haag om staatssecretaris van Buitenlandse Zaken te worden. Daarop volgden het fractievoorzitterschap van D66 in de Tweede Kamer, topfuncties in Brussel en Tokio en het ministerschap van Landbouw onder Wim Kok. Vlak voordat hij als minister van Economische Zaken toetrad tot Balkenende II was Brinkhorst, die in Den Haag én Brussel woonde, somber gestemd over de manier waarop Nederland zich achter de dijken had teruggetrokken: 'Ik ben het eens met Wellink en Tjeenk Willink. Er dreigt een binnenlandisering van de politiek. Nergens wordt zo genavelstaard als in Nederland.'

Het echte probleem volgens hem: er was een generatie opgegroeid die geen idealen meer koesterde.

'De erosie van de Nederlandse moraal is ver voortgeschreden. De meeste burgers gedragen zich als verwende kinderen. Daaruit verklaar ik het succes van Pim Fortuyn. Hij was het zinnebeeld van die verwendheid. Dáárom herkenden de kiezers zich in hem.' Qua ideeën was Nederland een 'poppenland' geworden, aldus Brinkhorst.

Eén lid van de bestuurlijke elite vond het een goede zaak

dat de gewone man Nederland had overgenomen: Frits Bolkestein, de VVD-aanvoerder die begin jaren negentig de immigratie op de politieke agenda probeerde te zetten. Anno 2003 was hij Eurocommissaris. Wijffels, Van Staden en Brinkhorst maakten hem bittere verwijten: doordat hij als eerste op het eigen belang van Nederland was gaan hameren, kon Fortuyn zijn voordeel doen met de opgewekte chauvinistische gevoelens. Bolkestein had de geest uit de fles laten ontsnappen en kreeg die er nu nog maar eens in! De liberaal had het taboe doorbroken op onderwerpen als: betekent de multiculturele samenleving wel een verrijking van het bestaan en moet Nederland in Europa het braafste jongetje van de klas zijn, memoreerde Fred van Staden: 'Dat was het begin van de kentering in de publieke opinie.' Brinkhorst meende zelfs dat Bolkestein 'het volk klaar had gemaakt voor de opstand'.

De VVD-coryfee liet de kritiek van zich afglijden als een eend het water van zijn veren.

'Ik heb veel waardering voor zowel de vice-president van de Raad van State, de heer Tjeenk Willink, als voor de president van De Nederlandsche Bank, de heer Wellink. Maar ik vind de uitdrukking als zou Nederland zich in een isolement bevinden, overdreven, overtrokken,' zei hij in zijn sobere maar stijlvol ingerichte werkvertrek aan de Brusselse Avenue Cortenbergh.

'Ik kijk naar ons land vanuit Brussel en ik merk niets van zo'n isolement. Nederland functioneert op dezelfde wijze als andere lidstaten. Er zijn problemen, maar die bestaan elders in Europa ook. Frankrijk dreigt zijn pensioenen niet meer te kunnen betalen. In Duitsland stagneert de hervorming van de verzorgingsstaat. Vergeleken met de problemen die daar bestaan, vallen de onze in het niet.'

Binnen de Europese Commissie had hij er nooit iets van gemerkt dat ze zich zorgen over Nederland maakten. Sterker nog: er bestond nauwelijks belangstelling voor wat zich in Nederland afspeelde.

'Andere Nederlanders vragen me vaak: wat vinden ze in Brussel nou van bijvoorbeeld Pim Fortuyn?' vertelde de commissaris. 'Mijn antwoord is dan: men vindt daar helemaal níéts van. Ik ben zelf nogal nieuwsgierig van aard. Ik vraag mijn collega's het hemd van het lijf over de situatie in hun land. Maar ik krijg bijna nooit een vraag terug.' Met nadruk: 'Nederland is geen nieuws. Er werden vragen gesteld toen Pim Fortuyn werd vermoord, maar die belangstelling is ook weer overgewaaid.'

Problemen als de verloedering van de binnenstad, de toenemende werkloosheid en de opkomst van de islam waren – anders dan vaak werd gedacht – echt niet aan Nederland voorbehouden, legde Bolkestein geduldig uit. Die speelden overal in Europa.

Het open debat dat sinds 2001 over het immigratiebeleid werd gevoerd, juichte hij toe: 'In Nederland mag nu alles worden gezegd. We gooien het zonder reserves op tafel. Dat heeft iets ruws, iets grofs. Dat mag je gerust de puinhopen van Pim noemen. Maar in landen als Frankrijk worden de problemen verdoezeld. Een volksvertegenwoordiger als Ayaan Hirsi Ali, op wie ik bij de verkiezingen mijn stem heb uitgebracht, is in de meeste Europese landen ondenkbaar. We zijn de verkramping voorbij. Niet alleen op het terrein van de euthanasie en het homohuwelijk, maar ook als het gaat om een open discussie over immigratie, integratie en de islam. Eigenlijk kun je zeggen: Nederland is opnieuw gidsland geworden.'

## 21 De kruistocht van Ayaan Hirsi Ali

Onderweg van Apeldoorn naar Den Haag sloeg de bejaarde, grijsblauwe Volvo 340 die Ayaan Hirsi Ali had geleend van een Marokkaanse vriendin bij ieder stoplicht af. De passagiersdeur kon niet helemaal dicht. Waar ooit de radio zat, hingen nu rode en blauwe draden. Haar medewerker Hugo Logtenberg keek licht wanhopig naar buiten.

'Laat hem eerst uitrijden, Ayaan, voor je op de rem gaat staan.'

'Ik doe wat ik kan,' zei Hirsi Ali terwijl ze de motor voor de tiende keer startte. Even liet ze een korte, gespannen stilte vallen. 'Beste mensen,' zei ze toen, 'stellen jullie je alsjeblieft niet zo aan!'

Op de snelweg remde Ayaan Hirsi Ali voor een file. Met een schok stonden we stil. Een grote vrachtwagen zat bijna bovenop ons.

'Het valt allemaal wel mee,' lachte Ayaan vanachter het stuur. 'Het is hier Somalië niet! Ik breng jullie veilig terug. Dit is een prima auto. Hij heeft alleen vrij gevoelige remmen.'

Eind oktober 2003 was het prachtig herfstweer. Sinds een paar maanden zat Ayaan Hirsi Ali voor de VVD in het parlement. Daar was veel aan voorafgegaan. Ze was geboren in Somalië – als dochter van oppositieleider Hirsi Magan die streed tegen de dictatuur van Mohamed Siad Barre. Haar jeugd bracht ze in ballingschap in Saoedi-Arabië, Ethiopië en Kenia door. In dat laatste land bekeerde ze zich tot de fundamentalistische islam. Compleet met nikab, vijf keer per dag bidden en de diepgevoelde wens om martelaar te worden.

Toen ze dreigde te worden uitgehuwelijkt aan een verre neef uit Canada, nam ze via Duitsland de benen naar Nederland. Ze had een baantje als vluchtelingentolk en werd ten behoeve van een studie naar de multiculturele samenleving ingehuurd door het wetenschappelijk bureau van de PvdA, de Wiardi Beckman Stichting.

Voorjaar 2002 vroegen ze zich daar af wie ze in huis hadden gehaald. In een artikel in *Trouw* zette Hirsi Ali zich keihard af tegen polderpolitici als Roger van Boxtel en Job Cohen. Van Boxtel was met de Rotterdamse imam El-Moumni gaan praten nadat die homoseksuelen met honden en varkens had vergeleken. Cohen, die op zoektocht ging naar de oorzaak van de spanningen in de stad, was tot de conclusie gekomen dat de gemeente niet om een dialoog met de moskeeën heen kon. Tot grote verontwaardiging van Hirsi Ali.

In *Trouw* maakte ze beiden uit voor reactionair. De Amsterdamse burgemeester had wat haar betreft net zo goed een 'sjeik' kunnen zijn, de minister van Integratiebeleid een 'mullah'. Toen ze tijdens een televisiedebat de islam een achterlijk geloof noemde, stapten de moslims met wie ze discussieerde boos op.

Vanaf dat moment werd ze met de dood bedreigd. Hirsi Ali moest onder permanente bewaking worden gesteld. Kort daarop besloot ze de PvdA de rug toe te keren. Die partij sloot haar ogen voor de werkelijkheid, vond ze: moskeeën waar de jihad werd gepredikt, moslimmannen die hun vrouw sloegen, meisjes die tegen hun zin werden uitgehuwelijkt.

November 2002 maakte ze haar overstap naar de VVD bekend. Ze werd meteen hoog op de kandidatenlijst voor de Tweede Kamerverkiezingen gezet.

Ook als liberaal zorgde Hirsi Ali voor ophef. De islam was een 'geloof van angst', de profeet Mohammed een 'tiran' en een 'perverse man'.

Haar kruistocht had een gigantische impact. Niet alles wat ze zei was nieuw. Bolkestein had tien jaar daarvoor al in twijfel getrokken of de islam zich liet verenigen met de westerse democratie. Scheffer had de stelling geponeerd dat de islam de scheiding van kerk en staat niet erkende en de rechten van de vrouw niet respecteerde. Fortuyn had de moslims verweten dat ze een 'achterlijke woestijncultuur' in stand hielden. Maar geen van drieën had de islam van binnenuit meegemaakt. Dat onderscheidde hen van het nieuwe Kamerlid. Ayaan was een ervaringsdeskundige.

Oktober 2003 kwam het Kamerlid in haar bejaarde Volvo 340 net terug van een van haar vele spreekbeurten – dit keer op de politieacademie in Apeldoorn. Honderden agenten waren uitgerukt om te luisteren naar een strijdbaar betoog over haar stokpaardje: het huiselijk geweld in islamitische kring.

Ze vertelde over een Marokkaans meisje dat thuis werd mishandeld: 'Dit moreel gelegitimeerde geweld mogen we niet tolereren!'

Een andere spreker vertelde dat er in Nederlandse gezinnen ook wel eens werd gemept. Hirsi Ali reageerde ongeïnteresseerd. Ze leefde pas weer op toen een politievrouw vertelde dat er in Zuid-Holland een collega was die het aantal gevallen van eerwraak bijhield. In 2002 was dat vijfentwintig keer voorgekomen. Hirsi Ali vroeg onmiddellijk zijn telefoonnummer: 'Die man móét ik spreken.'

## 22 De fijne kneepjes van de politiek

Perscentrum Nieuwspoort, Den Haag, 7 november 2003. Hirsi Ali zag er moe uit. Wekenlang had ze zitten schaven aan de integratienota die ze voor de VVD-fractie zou schrijven. Nu werd die nota publiek gemaakt. Het Kamerlid stelde onder meer voor dat er geen mono-etnische (lees: islamitische) scholen meer in Nederland mochten worden opgericht. Alleen al het vervaardigen van de nota had tot veel verwarring en beroering geleid. Haar wens om de islamitische scholen aan banden te leggen werd niet onderschreven door de VVD-minister van Integratiebeleid, Rita Verdonk. Volgens haar was wat Hirsi Ali wilde een regelrechte aanval op artikel 23 van de Grondwet die de vrijheid van onderwijs vastlegde. Ook collega-fractielid Clemens Cornielje had van tevoren afstand van de nota genomen. Via de media liet hij weten dat Hirsi Ali niet namens de meerderheid van de fractie sprak. Door die voortijdige reacties was de politica bang geworden dat er weinig van haar voorstel terecht zou komen.

'Soms vraag ik me af of dit de juiste omgeving is om dingen te veranderen,' zei ze over haar werk in de Kamer. 'Ik krijg helemaal geen beleidsvrijheid. Elk wissewasje moet ik met tien mensen bespreken.'

Sceptische waarnemers waren er toen al van overtuigd dat ze het niet lang in Den Haag zou volhouden. De stroperigheid van het politieke bedrijf kwam niet overeen met haar eigenzinnige en ongeduldige karakter.

Zelf gaf ze na een halfjaar toe dat het haar was tegengevallen. 'Toen ik in de Kamer kwam, dacht ik dat het heel mooi zou worden. Ik was ervan overtuigd dat politici een ideaal hadden waarvoor ze streden. Maar het blijkt voor veel mensen alleen maar spel te zijn. Ze komen één keer per week langs om hun hand op te steken en dat is het dan. Onbegrijpelijk. Politiek betekent voor mij strijd. Er hangt veel vanaf. Maar dat wordt hier een drammerige houding gevonden. Ik moet elke keer aftasten tot hoever ik kan gaan.'

Haar strijd tegen vrouwenmishandeling, het uithuwelijken van meisjes en het stichten van scholen op islamitische grondslag nam ze bloedserieus. In Nairobi had ze zelf jarenlang op de Muslim Girls' Secondary School gezeten. Veelbelovende medeleerlingen verdwenen één voor één uit de klas. Ze werden gedwongen te trouwen met de man die voor hen was uitgezocht. Er kwamen veel zelfmoorden voor. Volgens Hirsi Ali bestond er geen enkel verschil tussen Nairobi en de Amsterdamse Baarsjes. Ook in Nederland werden moslimvrouwen met harde hand onderdrukt.

De meesten van haar fractiegenoten vonden Ayaan te polariserend, maar ze probeerden er het beste van te maken. Zonder schermutselingen liep het niet. In juni 2003 dreigde Ayaan uit de Kamer te stappen als ze de portefeuille Integratie niet kreeg. Dáárvoor was ze de politiek ingegaan, en niet om bijvoorbeeld een nota over lantaarnpalen te behandelen. Fractieleider Jozias van Aartsen, die de portefeuille aan een ander had willen toebedelen, zwichtte. Maar daarmee was de rust niet hersteld. Toen collega Fadime Örgü met het huiselijk geweld aan de haal dreigde te gaan, reageerde Hirsi Ali zo woedend dat bemiddeling nodig was. Toen Ali Lazrak van de SP uit de Kamercommissie die onderzoek deed naar het Integratiebeleid stapte, omdat hij vond dat de commissie zich te politiek correct opstelde, viel Hirsi Ali de SP'er op de radio meteen bij. Daarmee schoffeerde ze fractiegenoot Stef Blok, die voorzitter van de onderzoekscommissie was. Blok beklaagde zich bij Van Aartsen maar vond geen gehoor. De fractieleider drukte Hirsi Ali wel op het hart om hem voortaan in te lichten als ze iets op de radio ging verkondigen.

Met de meeste andere politici van allochtone komaf onderhield ze een moeizame relatie. Ze moest niets hebben van de Amsterdamse deelraadbestuurder Fatima Elatik, die het dragen van een hoofddoek als teken van emancipatie probeerde te verkopen. Ook Khadija Arib, Marokkaans PvdA-Kamerlid, kon geen goed bij haar doen. Volgens Hirsi Ali wist Arib hoe verderfelijk de islam was, maar zei ze dat om opportunistische redenen nooit hardop. Hirschi Ali, fel: 'Ze komt veel te weinig voor de allochtone meisjes op.'

Buiten Den Haag groeide de Somalische uit tot de heldin van mannelijke intellectuelen en schrijvers van middelbare leeftijd: Leon de Winter, Paul Scheffer, Afshin Ellian, Sylvain Ephimenco. Ze boezemde ontzag in op de politieacademie in Apeldoorn. Ze werd op handen gedragen in de blijf-van-mijn-lijfhuizen. Moeilijker werd het als ze over andere onderwerpen dan gedwongen huwelijken en vrouwenonderdrukking moest komen opdraven. Dan bleek ze de fijne kneepjes van de politiek nog niet helemaal te beheersen.

Begin oktober 2003 moest Hirsi Ali naar de dag van het vrijwilligerswerk in het Haags Congresgebouw. In de auto sprak assistent Logtenberg haar bemoedigend toe: 'Zet 'm op, vrijwilligerswerk is het cement van de samenleving.'

Hirsi Ali, zuchtend: 'Hugo, ik moet wel passie voor het onderwerp voelen.'

De hal van het congresgebouw was gezellig ingericht: er waren brandende kaarsjes neergezet, er stonden bakjes met nootjes, op de achtergrond werd niks-aan-de-handmuziek gedraaid. De zaal liep vol met bobo's uit de vrijwilligerswereld.

Ze waren allemaal woedend op de centrumrechtse coalitie waarvan de oud-PvdA'er nu deel uitmaakte. Die bezuinigde radicaal op de subsidies aan het vrijwilligerswerk.

Hirsi Ali probeerde positief te beginnen: 'Natuurlijk hecht het kabinet aan het vrijwilligerswerk.' Iets te kort door de bocht voegde ze daaraan toe: 'Maar er is geen geld. Sorry, sorry, sorry!' Een golf van ongeloof sloeg door de zaal.

'Maar we willen u zo graag uitleggen hoe het vrijwilligerswerk in elkaar zit,' probeerde een van de bobo's nadat het boegeroep was verstomd. De spanning was voelbaar.

'Deze vrouw begrijpt er niets van,' zei een man naast ons zachtjes.

'Hoezo meer geld? De essentie van vrijwilligerswerk is toch dat het vrijwillig is?' riep Hirsi Ali ondertussen op het podium.

'We willen garanties,' klonk het vanuit de zaal.

Hirsi Ali: 'Garanties hebben we in het leven niet.'

'Had ik me diplomatieker moeten opstellen?' vroeg het nieuwe Kamerlid onderweg van Den Haag naar Amsterdam. Het antwoord wachtte ze nauwelijks af. Ze was in gedachten al weer verder.

'Kijk, een nikab!' zei ze terwijl we de hoofdstad binnenreden. Ze voegde eraan toe dat ze graag eens met zo'n vrouw zou willen praten. Maar dat kon niet. Vanwege de beveiliging mocht ze wijken als Geuzenveld en De Baarsjes niet in.

In het Kamerrestaurant at ze een paar weken later een broodje met Zeki Arslan, onderwijsspecialist van het multiculturele instituut Forum. Hij vertelde dat hij zich vijf jaar eerder al inzette voor de afschaffing van het islamitische onderwijs. Hij kwam in grote problemen, zei hij. Zowel binnen als buiten werden mensen woedend op hem. Toen hij ook nog eens werd bedreigd, was dat de druppel die de emmer deed overlopen: 'Mijn vrouw vond dat ik te ver was gegaan. Ze zei dat ik rekening met haar en de kinderen moest houden.'

Hirsi Ali reageerde heftig op Arslan. Ze vond dat hij zich laf had opgesteld. 'Kijk naar hoe ik word bedreigd en ik zwicht niet! Dat mag jij ook niet doen. Het gaat om onze strijd en die moet gevoerd worden.'

Arslan voerde aan dat hij zich niet van de islamitische gemeenschap wilde vervreemden. Hirsi Ali was niet onder de indruk. 'Op deze manier gaat de integratie mislukken! We moeten doorzetten, Zeki!'

Ondanks de bedreigingen voelde Ayaan Hirsi Ali zich thuis in Nederland. Wel had ze het altijd koud. Daarom had ze permanent een paar warme wollen sokken bij zich als ze op pad ging. Het politieke spel bleef een kwestie van wennen. 'Denken jullie dat ik dat ooit leuk ga vinden?'

## 23 De minister van polarisatie

Een heel andere achtergrond dan Ayaan Hirsi Ali had Rita Verdonk. Niet in Somalië geboren, maar in Utrecht. Niet opgeleid aan de Muslim Girls' School in Nairobi maar aan de Katholieke Universiteit Nijmegen. Nooit een nikab gedragen, maar wel het houthakkershemd dat onder pacifisten en krakers destijds in de mode was. Na haar studie werd de Nijmeegse activiste directeur van een huis van bewaring, ambtenaar bij het ministerie van Justitie en directeur staatsveiligheid bij de BVD. Nu was ze minister van Vreemdelingenzaken en Integratie. Ze was niet minder strijdbaar dan Hirsi Ali.

Op donderdag 17 juni 2004 stonden we te wachten voor het Bijbels Museum in Amsterdam. Over een paar minuten zou Rita Verdonk arriveren om de tentoonstelling 'Everybody is a stranger somewhere' te openen. Aan de overkant van de gracht hadden beveiligingsmensen hun posities ingenomen. Niet helemaal duidelijk was waarom. Er waren geen demonstranten, er gebeurde niets. Op de gracht liepen alleen maar wat mensen te genieten van de zon. Toch hing er een niet te benoemen spanning in de lucht.

Stipt om drie uur reed de auto van de minister voor. Opeens was er commotie. Twee jonge vrouwen probeerden agressief duwend en trekkend bij haar in de buurt te komen. Verdonk wist even niet hoe ze moest reageren. Tot ze de ketchup voelde die over haar heen werd gespoten. Dit was een aanval, de actievoerders hadden het op háár gemunt. De minister snelde het museum in.

Op straat ontrolde zich ondertussen een wonderlijk tafereel. Niemand was wie hij leek te zijn. De mensen op de gracht bleken allemaal activisten of stillen. Er werd gegild en in een mum van tijd rolde iedereen vechtend over straat.

'Niet zo hard,' riep een activiste tegen de agenten die haar beetpakten. Een ander die probeerde door te lopen, werd hardhandig tegen de grond gewerkt. Haar petje viel van haar hoofd. Politie te paard kwam aangegaloppeerd, in de verte waren sirenes hoorbaar. Een vrouw werd tegen de muur gedrukt door een jonge politieagente in burger.

Verdonk verbleef inmiddels in de wc van het Bijbels Museum om de ketchup van haar mantelpak te vegen. De zakelijk leider van het museum sleepte schone theedoeken aan. Op de eerste verdieping waren de genodigden in afwachting van haar toespraak. Het incident was hun totaal ontgaan. Ze luisterden naar de Iraanse balling Kader Abdolah. Hij hield een vurig pleidooi voor de zesentwintigduizend uitgeprocedeerde asielzoekers die van Verdonk niet in Nederland mochten blijven. Later op de middag, tijdens de rondleiding langs de expositie, zou de schrijver weigeren zich op dezelfde verdieping op te houden als de minister. Als zij de trap van de eerste naar de tweede etage nam, vluchtte hij naar de derde.

De veiligheidsmannen stonden nu binnen. Ze waren zo nadrukkelijk mogelijk aanwezig: benen wijd, borst vooruit, doordringende blik. Ten overstaan van het publiek gaf Verdonk haar visie op het thema 'Everybody is a stranger somewhere'.

'Wij zijn van oudsher een land van vluchtelingen,' zei de minister. 'Maar we moeten goed omgaan met de beperkte ruimte die we hebben. Daarom wil ik een helder beleid voeren. We kunnen niet alle gelukzoekers van de wereld opnemen.'

Toen Verdonk vertrok, bleek de gracht aan beide kanten afgezet. Ze werd snel in een gepantserde auto geloodst met een veiligheidsagent naast zich. Twee motoren met zwaailicht escorteerden de minister terug naar Den Haag.

Zo ging het vaker. Waar Rita Verdonk verscheen, was tumult.

Dat kwam door wat zij zelf haar 'heldere beleid' noemde. De opvolger van Roger van Boxtel en Hilbrand Nawijn wilde geen illusies voeden of valse verwachtingen wekken. Wie hier niet legaal verbleef, moest onmiddellijk worden uitgezet. Wie was uitgeprocedeerd ook.

De een bewonderde haar daadkracht, de ander verguisde haar om haar harteloosheid. Ze wekte felle emoties op, deze minister. De Nederlanders die eerst hun hoop op Pim Fortuyn hadden gesteld, waren dankbaar dat Rita de fakkel had overgenomen. Degenen die Fortuyn voor een Mussolini in maatpak aanzagen, kregen het klamme zweet in de handen van de gespierde taal van Verdonk. Ze was de minister van polarisatie. Niet alleen haar uitzettingsbeleid, ook haar benadering van minderheden die hier wel mochten blijven joeg sommigen de gordijnen in.

De problemen onder allochtonen waren de afgelopen jaren onvoldoende onderkend, vond ze. Hoe kon het dat zo'n vierhonderdduizend migranten nog steeds nauwelijks Nederlands spraken? Dat moeders niet wisten waar de school van hun kinderen stond? Dat vaders de opvoeding van hun zoons hadden opgegeven? Daar moest verandering in komen, vond Verdonk, en een beetje snel ook. Iedereen moest op taalcursus, jong en oud, man en vrouw. Mensen in de bijstand die na drie jaar nog geen Nederlands spraken, moesten worden gekort op hun uitkering.

De ijzeren dame werd ze genoemd, Rita Verdonk. Zelf noemde ze het een eer om vergeleken te worden met Fortuyn. 'Hij sprak net als ik klare taal,' zei ze: 'Al was zijn toonzetting wel heel hard richting allochtone mensen. Dat is niet mijn stijl, ik probeer een positieve toon in de discussie te brengen.'

De avond na het ketchupincident heerste op de gang van het ministerie van Justitie een serene rust. Hoogpolige, oudroze vloerbedekking dempte het geluid. De staande klok die op de hele uren het geluid van de Big Ben liet horen, tikte geruststellend. De Kamerbewaarder zette de loodgieterstassen met stukken alvast op een steekkarretje en reed ze naar beneden. Het was even voor achten en vanavond zou Verdonk met de burger gaan chatten. Opeens ging haar mobiele telefoon. Verdonk schrok zichtbaar van wat er aan de andere kant werd gezegd.

'O,' en 'ja,' antwoordde ze en aan het eind: 'Toch fijn dat je het me even hebt laten weten.'

Met een verstrakt gezicht plofte ze in een van de stoelen op de gang. Ze gooide haar hoofd achterover en riep: 'Jezus.'

Een onbekende man bleek op Radio Noord-Holland te hebben verkondigd dat er een aanslag op haar zou worden gepleegd als ze niet binnen twee weken haar beleid veranderde. Het gerucht circuleerde al eerder maar de bevestiging door de AIVD maakte de dreiging ineens ijzingwekkend echt. Ze belde onmiddellijk naar huis. Haar man en kinderen mochten dit nieuws niet via de televisie vernemen.

Even later vertrok ze alsnog naar het studiootje op het ministerie om te chatten. Een medewerker legde haar de kritische vragen voor die burgers via hun computer hadden gesteld. Waarom moest er worden ingeburgerd? Waarom was ze zo streng? En hoe zat het met haar geweten nu ze had besloten zesentwintigduizend uitgeprocedeerde asielzoekers het land uit te zetten?

'Mijn geweten, mijn geweten,' antwoordde Verdonk geïrriteerd. Ze probeerde zichzelf te verdedigen. 'Altijd maar weer mijn geweten. Natuurlijk heb ik een geweten, maar we hebben ook spelregels met elkaar afgesproken, en daar houd ik me aan. Zodra het over het vreemdelingenrecht gaat, roept iedereen ineens: die mensen zijn zielig. Neemt u van mij aan: ze zijn niet zielig. De meesten zijn hier alleen omdat ze dachten dat ze het hier beter zouden krijgen.'

Na afloop, bij de lift, verbaasde ze zich erover dat de meeste vragen over de uitgeprocedeerden gingen. 'Ze willen niets weten over mijn beleid ten aanzien van huiselijk geweld en vrouwenbesnijdenis, terwijl ik me daar toch zo voor inzet.' Gelukkig was niet iedereen zo beperkt van geest: 'Laatst, toen ik in het theater naar mijn plek schoof, fluisterden de mensen die al in de rij zaten: we zijn fan van je, Rita!'

## 24 Onder de gordel

Half mei 2004. Verdonk in de auto op weg naar Rotterdam. Vergezeld door vier potige lijfwachten. Ze werd verwacht bij het Gilde-project: vijftigplussers die op vrijwillige basis migranten hielpen de Nederlandse taal meester te worden. Prima initiatief, vond de minister. Als iedereen zijn allochtone buren nou eens Nederlands leerde, dan konden de taalproblemen zó worden opgelost.

In Rotterdam ontving de vijfenzestigjarige Gré Verboon haar met koffie en cake. Ze vertelde over haar vriendschap met de achtentwintigjarige Zohra uit Afghanistan, die ze Nederlands had leren spreken. Praten jullie thuis Nederlands, vroeg Verdonk aan Zohra, die er ook bijzat. Bijvoorbeeld tijdens de afwas?

'Nee,' zei Zohra.

Sprak haar moeder de taal al? Naar welke Nederlandse tv-programma's keek ze? Las ze wel eens de *Libelle* en de *Margriet*?

'Pak je mogelijkheden,' adviseerde de minister Zohra opgewekt. 'En nu nog een persoonlijke vraag: waar ligt je toekomst, hier of in Afghanistan? Want je land moet wel weer worden opgebouwd.'

'Mijn toekomst ligt hier,' merkte Zohra verbaasd en een beetje gepikeerd op. Als klein meisje maakte ze alleen maar oorlog mee. 'Hier heb ik rust gevonden.'

De volgende afspraak was in Rotterdam-Alexanderpolder, bij Nel Overhand, die vroeger actief was in JOOP, een rechtse ouderenpartij. Bij de Kamerverkiezingen van 2003 stond ze op de kandidatenlijst van Emile Ratelband. Helaas haalde de partij de kiesdrempel niet. Overhand leerde Verdonk kennen tijdens een gezamenlijk televisieoptreden en daar had de minister haar beloofd een keer langs te komen. Vandaag was het zover. In de sfeervolle flat brandde overal kaarslicht. Op de achtergrond klonk de muziek van André Rieu. De veiligheidsmensen bleven buiten op de galerij staan, tot vermaak van Nel Overhand.

'Jullie willen zeker lekker opvallen.'

Ze had het niet breed, vertelde ze de minister: 'Meid, ik vind het verschrikkelijk, maar ik leef sinds kort van de bijstand.'

Tegelijkertijd ergerde ze zich wild aan het grote aantal buitenlanders dat geen werk zocht.

'Ze komen naar Nederland, Rita, en ze houden meteen hun hand op.'

'Ik wil de problemen niet alleen benoemen, maar ook oplossen,' zei Verdonk zo diplomatiek mogelijk. Ze vroeg advies aan Overhand: 'Wat denk je, hoe krijgen we een goeie toon in het debat?'

Haar gastvrouw liet zich niet van de wijs brengen. 'Moet je luisteren, Rita. Laatst liep ik bij de Ikea, hoorde ik winkelende Marokkanen in hun eigen taal smoezen. Vond ik vervelend, misschien hebben ze het wel over mij, dacht ik.' Triomfantelijk: 'Ik zei er dus wat van!'

Verdonk knikte goedkeurend, die benadering sprak haar aan. Eigen initiatief van de burger.

'En onlangs ontmoette ik een Marokkaanse man,' vervolgde Overhand haar litanie, 'een gezonde vent, hij had een lekker luchtje op. Werkt u niet, vroeg ik hem. Bent u ziek? Ja, zei hij in gebrekkig Nederlands. Ikke allergisch. Toch niet voor werken, wilde ik weten. Nee, voor hout, zei hij. Weet je wat zijn beroep was? Timmerman!'

Verdonk antwoordde in staccato: 'Dat betekent dat de overheid erop moet staan dat mensen aan het werk gaan.'

'Ik hou van andere culturen, Rita,' ratelde Overhand verder. 'Alleen met Turken en Marokkanen krijg ik moeilijk contact. De meesten zijn bang voor ons Nederlanders en daarom kruipen ze het liefst dicht bij elkaar. Ik vind het geen goed idee om ze door de hele stad te spreiden, stel je voor dat al die Marokkaanse apen hier komen wonen. Vergeet niet, Rita, in deze flat wonen veel vijfenvijftigplussers!'

Bij het afscheid kreeg Verdonk een dikke kus op beide wangen.

Rita Verdonk maakte zich al voor haar ministerschap zorgen over de integratie die wat haar betreft mislukt was. De honderdduizenden migranten die geen Nederlands spraken, de wijken die steeds zwarter werden. Begin jaren tachtig woonde ze zelf in de Haagse Schilderswijk. Autochtonen die daar een huis hadden gekocht, zagen hun buurt verpauperen, vertelde ze in de auto terug naar de residentie.

'Speciaal voor allochtonen werden de regels versoepeld, zodat ze een winkeltje konden beginnen. Ik zag de machteloosheid bij de autochtonen. Ze vonden het ook vreselijk dat de waarde van hun huis daalde, maar als je dat hardop zei werd je voor racist uitgemaakt. Niets was bespreekbaar. Ik herkende die frustratie bij Nel Overhand. Ze is van goede wil. Soms drukt ze zich kantje randje uit, maar heus, ze is niet racistisch. Haar politieke keuze komt voort uit een gevoel van machteloosheid.'

Zelf besloot de minister niet meer op linkse partijen als de PvdA te stemmen. Voortaan werd het de VVD.

Ze maakte zich zorgen over de toenemende tegenstellingen. Actievoerend Nederland noemde de minister op websites 'Eva Braun Verdonk', een site publiceerde een foto van haar met ketchupbloed rond haar hals. De kijker moest denken dat die hals was doorgesneden.

De fortuynisten namen het op hún websites juist voor haar op. Verdonk was in hun ogen de sterke vrouw die het land er bovenop kon helpen.

'Ik breek me het hoofd over de polarisatie die zich voordoet,' verzuchtte Verdonk. 'Mijn beleid wordt door de meeste Nederlanders onderschreven, maar sommigen kunnen zich er kennelijk niet bij neerleggen. Dat ze me ooit zouden gaan bedreigen, was vroeger nooit bij me opgekomen. Nu komen die doodswensen akelig dichtbij. Een aanslag op mij zou kunnen leiden tot een verscheurde samenleving, dat zou verschrikkelijk zijn.'

Als je Rita Verdonk ontmoette, was ze hartelijk en direct. Een gewone vrouw die begreep wat er onder het Nederlandse volk leefde. Ze zei dat ze niet wilde polariseren, maar ze deed het wel. Misschien was het een moeilijk terrein waar ze over ging en kon niemand dat goed doen. Toch waren voorgangers als Elizabeth Schmitz en Job Cohen niet zo verketterd als zij. Dat lag aan de harde toon die ze aansloeg. Toen ze begin 2004 integratievignetten wilde invoeren, werden die meteen met jodensterren vergeleken. Toen ze de uitgeprocedeerde asielzoekers wilde uitzetten, beschuldigde PvdA'er Jan Pronk haar ervan dat ze onschuldige mensen 'deporteerde'.

Het raakte haar. 'Ik weet wat zo'n jodenster betekende. In de oorlog restte de joden alleen nog de dood. Zo wil ik niet worden neergezet.'

Ze begreep dat veel commentatoren bezorgd waren over de toonhoogte waarop het debat over de multiculturele samenleving inmiddels werd gevoerd. 'Ik krijg vaak te horen dat ik populistisch ben. Maar volgens mij heeft de manier waarop ik dingen bespreekbaar maak niets met populisme te maken. Tenzij populisme betekent: zo spreken dat de burger je begrijpt. In dat geval ben ik gráág een populist.' Verontwaardigd: 'Vergelijkingen maken met de Tweede Wereldoorlog: dát vind ik populisme. Maar wel van het allervuilste soort: onder de gordel.'

De hoogleraren Arie van der Zwan, Godfried Engbersen en Anton Zijderveld hadden in een 'Adres aan regering en parlement inzake immigratie en integratie' gewaarschuwd tegen de harde toon die in het debat was geslopen.

Tegen de zomer van 2004 kwam een delegatie van de ondertekenaars, allemaal klinkende namen, bij de minister op bezoek. Van der Zwan, tien jaar eerder topadviseur van minister van Binnenlandse Zaken Ien Dales, stak van wal.

'Wij willen u complimenteren met uw voortvarendheid,' zei hij tegen Verdonk, 'maar we willen u ook waarschuwen. De allochtonen krijgen nu het gevoel dat de Nederlanders hen mores willen leren. Wees duidelijk, maar behandel allochtonen als waardevolle burgers.'

De Rotterdamse wethouder Sjaak van der Tak viel hem bij.

'Vergis je niet,' zei hij. 'Als je mensen vraagt of ze een nieuwe Pim Fortuyn willen, zegt zeventig procent ja. Daar móéten we iets tegenover stellen.'

De grote vraag was: wát?

Het formuleren van een antwoord kostte Verdonk grijze haren, vertelde ze later. Misschien had ze gewoon niet het karakter om bruggen te slaan. Ze was straight maar niet altijd even tactvol. Haar zorgen over de allochtonen uitte ze zo recht voor zijn raap dat niemand het hoorde als ze in een bijzin zei dat autochtone jongeren ook voor problemen zorgden. Mantra's als 'neem verantwoordelijkheid voor je eigen leven' en 'pak je kansen' waren bemoedigend bedoeld maar kwamen hard aan. Allochtonen die het dankzij keihard werken ver hadden gebracht, voelden zich beledigd als ze suggereerde dat niemand zijn kansen pakte. De vijfenvijftigjarige Marokkaanse vrouw die al dertig jaar lang driehoog achter woonde, werd bang als nu plotseling werd gezegd dat ze moest inburgeren.

Verdonk begreep die schrikreactie niet. 'Hoezo?' vroeg ze zich oprecht verbaasd af. 'Die vrouw kan wel vijfentachtig worden. Dan staat ze nog dertig jaar buitenspel. Schei uit, joh! Ik houd er niet van om zulke mensen af te schrijven.'

De ROC's waren woedend op Rita Verdonk. Ze legde veel nadruk op inburgeringscursussen, maar tegelijk had ze de regionale opleidingscentra het monopolie op die cursussen afgenomen. Iedereen mocht voortaan zelf bepalen hoe en bij wie hij inburgerde. De ROC's vonden dat hun expertise op deze manier overboord werd gegooid, bovendien stonden er straks honderden docenten op straat. De kritiek liet Verdonk koud. Ze wilde de verhoudingen nou eenmaal loswrikken.

'Ik wil af van de cultuur dat gemeenten en de overheid iedereen bij de hand nemen en alles regelen. Niets ervan! Iedereen heeft zijn eigen verantwoordelijkheid. De overheid faciliteert maar voert niet de regie. De regie hebben de mensen zélf, het is hún leven.'

## 25 Onmenselijk en onbeschaafd

Verdonk maakte vijanden, niet alleen bij allochtonen die zich door haar vernederd voelden, maar ook aan het Binnenhof. PvdA-woordvoerder voor Vreemdelingenzaken en Integratie Klaas de Vries kon haar bloed wel drinken. De Vries was een veteraan. Hij kwam in 1973 in de Kamer en maakte het kabinet-Den Uyl nog mee. De sociaal-democraat hoorde bij de nomenklatoera van Nederland – als oud-hoofddirecteur van de Vereniging van Nederlandse Gemeenten, oud-voorzitter van de Sociaal-Economische Raad en oud-minister op twee departementen. Plotseling kwam er een eind aan zijn bestuurlijke loopbaan. Bij de verkiezingen van 2002 werd Paars verpletterd. De Vries moest zich als minister van Binnenlandse Zaken verantwoorden voor de moord op Pim Fortuyn. Terwijl een hele generatie PvdA-politici na de verkiezingen de benen nam, keerde De Vries alsof er niets aan de hand was terug naar het Binnenhof. Daar zat hij begin 2005 nog steeds – met uitzicht op het Mauritshuis en het Torentje. Aan de muur hingen foto's van de PvdA-fractie van 1986, Joop den Uyl met zijn onafscheidelijke sigaar en een betoging tegen het asielbeleid van Verdonk.

De fortuynisten verweten hem dat hij hun Pimmie niet afdoende had laten bewaken. Zelf was hij diep geschokt door de eerste politieke moord sinds de tijd van de gebroeders De Witt: 'Ik vertel dit voor het eerst, maar ik kende Fortuyn goed. We waren op elkaar gesteld. In de jaren tachtig maakte hij deel uit van een PvdA-werkgroep over democratie. Ik was daar voorzitter van. Toen ik uit de Kamer ging om hoofddirecteur van de VNG te worden, heeft hij een vleiend stuk over me geschreven: "Een moeder verlaat de politiek." Hij zei dat weinig PvdA'ers warme gevoelens bij hem oproepen, maar ik wel. Je zult van mij nergens een neerbuigende uitspraak vinden over Pim Fortuyn.'

Sinds de LPF in de Kamer zat, vond hij de sfeer aan het Binnenhof beklemmend. 'Ze riepen: hij is een relikwie van Paars. De LPF bejegende me vijandig. Ze waren uit op wraak.'

Najaar 2002 kreeg de PvdA een nieuwe partijleider: Wouter Bos. Die vond dat het kabinet-Kok de verkiezingsnederlaag aan zichzelf te wijten had. Zijn remedie: de Haagse politici moesten de oude wijken intrekken om te achterhalen wat de grieven van de gewone mensen waren. De Vries was altijd van de partij. In een rood campagnejasje struinde de oud-minister marktpleinen en winkelstraten af. 'Ik vond het een fantastische ervaring.'

Wat bij die bezoeken natuurlijk vaak ter sprake kwam, was de multiculturele samenleving. Waarom hebben jullie de minderheden voorgetrokken, kregen de campagnevoerders van de autochtonen te horen. Waarom nam de PvdA het niet op voor de 'poor whites'?

Klaas de Vries: 'Vanuit de VNG heb ik begin jaren negentig de politiek hier al voor proberen te waarschuwen. We vingen zo veel asielzoekers op, dat kon niet lang goed gaan. Gemeenten meldden dat de spanningen in de oude wijken opliepen. Er had toen al een deltaplan moeten worden opgesteld. We hadden een man als Jan Schaefer nodig die door roeien en ruiten ging. De PvdA had het nooit mogen afdoen met: maar er zijn toch ook zo veel dingen die goed gaan. We hebben onze ogen gesloten voor de werkelijkheid.'

Dat wilde niet zeggen dat De Vries ook maar iets op had met scherpslijpers als Verdonk en Hirsi Ali. Van hem zou je niet horen dat islamitische scholen moesten worden gesloten of dat uitgeprocedeerden zonder pardon het land moesten worden uitgezet. Voor De Vries waren de vrijheid van godsdienst en de vrijheid van het individu onaantastbaar. Of, zoals hij het zelf zei: 'De PvdA heeft niet de behoefte om op welke godsdienst dan ook in te hakken. Mensen moeten hun geloof in vrijheid kunnen belijden. De PvdA zal nooit zeggen: we betreuren het dat die mensen naar Nederland zijn gekomen. Ze moeten actief aan de samenleving meedoen. Als we daar in het verleden niet voldoende op hebben gehamerd, moet dat veranderen. Maar het is verkeerd om nieuwkomers toe te spreken op een toon van: u hoort hier eigenlijk niet te zijn.'

Dat is wat hij Balkenende en de zijnen verweet.

'Het kabinet roept dat migranten moeten inburgeren, maar ze hebben er geen cent voor over. Iedereen roept dat het leefbaar moet worden in de oude wijken, maar ze bezuinigen op stadsvernieuwing. Als je daarop wijst, zeggen ze: het geld is op. Kletskoek. Als morgen een dijk doorbreekt, zouden er miljarden beschikbaar zijn. Voor de integratie van minderheden niet. Ik vind dat mateloos frustrerend.'

Van Rita Verdonk had De Vries geen hoge dunk.

'Verdonk draagt bij aan een klimaat van verharding en dat is rampzalig. De manier waarop ze de minderheden tegemoet treedt, is niet goed. Ze is kil en afstandelijk. Ze maakt zich schuldig aan wij-zijdenken. Je bent volgens haar allochtoon of autochtoon en als je allochtoon bent, blijf je dat voor de rest van je leven. Dat is niet overbruggend.'

Ze had wel veel in gang gezet, voerden we aan.

'O ja, wat dan? De vreemdelingenwet lag er al. Dat was het huzarenstukje van Paars, van Job Cohen. Daar heeft ze geen tittel of jota aan toegevoegd. De inburgeringscursussen waren er ook al, zij heeft er alleen maar op bezuinigd. Het kabinet zit er nu twee jaar en ik hoor alleen maar loze kreten.'

Boos was hij vooral over Verdonks asielbeleid: 'Ze wijst kinderen die hier geboren en getogen zijn uit naar landen waar ze nooit hebben gewoond. Je moet eens weten wat voor kunstgrepen er worden uitgehaald om mensen naar Somalië terug te sturen. Desnoods krijgen ze valse papieren mee. Ik heb een motie ingediend dat kinderen niet van hun ouders mogen worden gescheiden. Ik kreeg de handen niet op elkaar.'

Vond hij Verdonk lomp?

'Ik zal haar nooit persoonlijk aanvallen. Maar ik vind haar beleid onmenselijk en onbeschaafd.'

In *Trouw* van 4 februari 2004 zei Verdonk dat ze De Vries dit soort opmerkingen kwalijk nam.

'Ze deed alsof ik haar inhumaan genoemd had. Maar ik heb het in de Kamer nadrukkelijk over haar beleid gehad. Wat ik heb gezegd, neem ik niet terug. Na haar opmerkingen in *Trouw* heb ik Verdonk gebeld. Ik zei: dit kan dus niet. Ze antwoordde: oké, ik zal excuses aanbieden. Het heeft drie maanden geduurd voordat ze dat deed. Dat vond ik niet chic.'

Aan Ayaan Hirsi Ali was hem opgevallen dat die – als het

om uitzetting van Somalische asielzoekers ging – nooit tegenstemde: 'Ik heb het Ayaan nog nooit voor een asielzoeker horen opnemen. Terwijl ze zelf uit Somalië komt. Ze weet wat mensen te wachten staat die naar zo'n land worden teruggestuurd.'

Naar politici als Klaas de Vries werd anno 2004 eigenlijk niet meer geluisterd. Aan het Binnenhof zetten anderen de toon: Hirsi Ali, Geert Wilders, Joost Eerdmans, Hilbrand Nawijn. Inburgering moest verplicht worden gesteld, vonden ze. Trouwen met een partner uit het thuisland moest drastisch aan banden worden gelegd. Moskeeën moesten beter in de gaten worden gehouden door de AIVD en eventueel worden gesloten. Islamitische scholen waren broedplaatsen van radicalisme en dienden dus te verdwijnen. Het belijden van het moslimgeloof was natuurlijk toegestaan maar alleen als de Nederlandse normen en waarden werden gerespecteerd.

Zoals Wilders het kort door de bocht formuleerde: 'Die hoofddoekjes lust ik rauw!'

## 26 Is zoenen zina?

Een man die vreselijk onder de polarisatie leed, was Haci Karacaer. Deze Koerd van origine was werkzaam bij de ABN Amrobank toen hij eind jaren negentig besloot het directeurschap op zich te nemen van de orthodoxe Turkse vereniging Milli Görüs. Karacaer kon het niet langer aanzien dat veel van zijn landgenoten in de versukkeling waren geraakt. De moslims moesten beter presteren, dan stegen ze vanzelf op de maatschappelijke ladder, was zijn overtuiging. Van geklaag over te weinig kansen wilde hij niets horen.

'We moeten niet voortdurend roepen dat onze achterstand de schuld is van de joden en de Amerikanen. Dat we er zo voorstaan als nu is voor een groot deel aan onszelf te wijten.'

Of het nu ging over 11 september, over homodiscriminatie, de islam in het algemeen of het hoofddoekje in het bijzonder, de Milli Görüs-voorman gooide zich met onuitputtelijke energie in het debat. Hij voerde graag het woord in grachtengordeltempels als De Balie en De Rode Hoed en onderhield contact met intellectuelen als Paul Scheffer en Michaël Zeeman. Die gesprekken had hij nodig, zei hij. Ze voedden en inspireerden hem: 'Anders hou ik het niet vol.'

Wie in Nederland wilde leven, moest hier ook meedoen,

vond Karacaer. Zelf las hij drie kranten en was hij lid van de PvdA. Hij was ervan overtuigd dat Milli Görüs – wilde de organisatie meetellen – zich moest moderniseren. Over alles moest kunnen worden gediscussieerd. Hij droomde van een organisatie die vóór democratie en integratie was, maar tegen assimilatie.

Karacaer wist dat hij geduld moest hebben. De Nederlandse politici beschouwden hem als een verlichte denker, maar gold dat ook voor zijn achterban? Dat was een goede vraag. Een deel van die achterban zat helemaal niet te wachten op iemand die hen op de voordelen van integratie wees. Elke dag naar het koffiehuis en vrijdag naar de moskee – wat was er eigenlijk tegen het leven dat ze leidden? Aan meer contact met de Nederlanders had lang niet iedereen behoefte. Soms, aan het eind van de dag, was Karacaer zichtbaar moe van al het praten, mensen bewerken, zijn boodschap uitdragen. Als we hem tegenkwamen, had de godsdienstvernieuwer het altijd over de spagaat waarin hij was terechtgekomen. Aan de ene kant nam de harde taal over moslims in Nederland toe. Aan de andere kant wilden lang niet al zijn volgelingen hun isolement doorbreken. Karacaer wilde die twee werelden overbruggen, maar dat viel niet mee.

In de Ayasofya-moskee in de Amsterdamse Baarsjes, waar de Milli Görüs-directeur kantoor hield, was van de door hem bepleite modernisering nog niet veel te merken. De oudjes bepaalden het beeld. In de hal zaten op elk moment van de dag tientallen mannen thee te drinken. Werklozen, illegalen, gepensioneerden. De vrouwen zaten in een afgescheiden ruimte en hadden een eigen ingang. Zo hoefden de beide seksen elkaar niet te ontmoeten. Alleen Karacaer zelf en zijn (Antilliaanse) secretaresse spraken vlekkeloos Nederlands. De directeur moest dagelijks overleggen met de imam, de moefti en de voorzitter van de moskee. Omdat zij geen Nederlands spraken en zelden aan een debat buiten de moskee deelnamen, bleef de modernisering van Milli Görüs vooralsnog beperkt tot Karacaer zelf.

In zijn Opel Vectra met paarsgetinte ramen was de directeur onderweg naar de moskee die zijn vereniging in Haarlem had. Terwijl we druk bezig waren te verdwalen in een buitenwijk met eengezinswoningen, hadden we het over de toenemende spanningen tussen autochtonen en allochtonen. Milli Görüs kende ze ook: de jongens die het Westen zo haatten dat ze gaarne bereid waren hun leven te offeren in het kader van de jihad. Ze konden in Nederland geen goed meer doen. Of er nou een bom ontplofte of een vliegtuig explodeerde, zij kregen toch de schuld. Dat frustreerde hen. Dat maakte hen boos.

Karacaer probeerde zulke jongens op het goede spoor te houden. 'Ze moeten hun blik op Nederland richten. Anders worden ze doodongelukkig.'

In de moskee in de Haarlemse buitenwijk zaten vijf serieuze, verlegen jongens van rond de twintig hem op te wachten in een kale gebedsruimte. Aan het plafond hing eenzaam een feestslinger. Twee van de jongens studeerden aan de Universiteit van Amsterdam, de anderen volgden een middelbare beroepsopleiding. Met Nederlanders gingen ze niet of nauwelijks om. Milli Görüs was hun referentiekader. Ze werden geplaagd door gewetensproblemen als: mag een moslim zijn stem uitbrengen bij verkiezingen in Nederland en hoe moet je denken over homoseksualiteit?

Over dat laatste nam Karacaer een pragmatisch standpunt in: 'Als wij hier als moslim willen leven, moeten wij de homo's ook de ruimte geven. We mogen niet op de stoel van Allah gaan zitten en zeggen: uitroeien.'

Er waren nog meer vragen: wat bedoelen de Nederlanders met de scheiding van kerk en staat en mogen jongens en meisjes samen aan een huiswerkclub deelnemen?

Karacaer: 'Wat niet mag, is dat één man en één vrouw zich samen in een afgesloten ruimte bevinden.'

'Is het een zonde om jongens en meisjes samen te brengen?' vroeg een van de jongens.

Karacaer, lachend: 'Nee, hoor.'

De jongen hield vol: 'Persoonlijk dacht ik van wel.'

Karacaer: 'Het is niet de religie die verbiedt dat jongens en meisjes samen huiswerk maken. Het is de cultuur. En die opvatting is op den duur niet houdbaar in dit land.'

De vragensteller was nog steeds niet tevreden: 'Mogen vrouwen en mannen dan ook samen bidden?'

Daar trok ook Karacaer de grens. 'Je moet je op het gebed kunnen concentreren. Dat kan ik niet als een vrouw vóór me zich bukt.'

'Zou de Grondwet niet door de Koran moeten worden vervangen?' vroeg een andere jongen.

'Waarom zouden we?' antwoordde Haci. 'In de Koran staat dat je voor mensen moet zorgen als ze ziek zijn of geen geld meer hebben. Dat gebeurt in Nederland. Alles is er: rechtshulp, studiefinanciering, medische zorg. Ik zeg wel eens: Nederland is een islamitisch land.'

Volgende vraag. 'Mag een moslimman zijn vrouw slaan?'

'Dat mag niet,' legde Karacaer geduldig uit.

Een van de jongens wilde weten of het in de Koran als overspel werd beschouwd (zina was) als je met een meisje uitging, terwijl je geen trouwplannen had.

Van Karacaer mocht het.

De jongen was niet tevreden: 'En tongzoenen met zo'n meisje, is dat zina?'

Opmerkelijk dat goed opgeleide, in Nederland geboren jongens zulke vragen stelden.

Op de nieuwjaarsreceptie van het COC viel de kleine Karacaer meteen op. Hij wekte de indruk dat hij zich tussen de homo's en lesbo's prima op zijn gemak voelde. Op de dansvloer sprak de voorzitter van het COC de leden toe. Gedempt licht, er was een tolk voor de doven. De speech ging over de spanningen tussen moslims en homo's. Laatst waren er weer drie mannen onthoofd in Saoedi-Arabië. Meteen na de toespraak liep Karacaer met uitgestoken hand op de voorzitter af. Net alsof hij zich wilde excuseren voor wat elders in de wereld in naam van de islam werd aangericht. De rest van de avond bracht hij door in gezelschap van Tania Barkhuis, een boomlange transseksueel in een strakke rok, met lange haren en gelakte nagels. Samen met een andere vrouw voedde ze hun kind op. Ze kende Karacaer van een projectgroep die meer begrip en tolerantie over en weer wilde kweken. De directeur van Milli Görüs dronk het ene glas appelsap na het andere. Hij vond Tania niet eigenaardig, zei hij: 'Ze is een heel aardige vrouw.' Zijn eigen vrouw was heel traditioneel. Ze sprak gebrekkig Nederlands en droeg een hoofddoek, ook binnenshuis. Ze had wel haar rijbewijs gehaald en zat nu op zwemles, vertelde hij trots.

Volgens sommigen binnen Milli Görüs liep Haci Karacaer wel erg ver voor de troepen uit. Ismail Taspinar uit Amersfoort maakte zich zorgen over het tempo waarin de directeur de orthodoxe organisatie probeerde te veranderen. 'Hij gaat te hard. Vijfennegentig procent van de achterban begrijpt niet waar hij mee bezig is.' Vooral zijn begrip voor homo's zette volgens Taspinar kwaad bloed: 'Daar staat niemand achter.' De Amersfoorter had wel bewondering voor zijn zendingsdrang: hij wilde de Nederlanders en moslims nader tot elkaar brengen. Alleen: 'Je weet wat er in de loop van de geschiedenis met missionarissen gebeurd is. Meestal zijn ze aan de hoogste boom opgeknoopt.'

In Karacaers kantoor werden we voorgesteld aan de fine fleur van de Milli Görüs-jongeren. Dit waren de mensen op wie de directeur zijn hoop stelde: mannen en vrouwen (met hoofddoek) die trots waren op hun geloof maar een goede opleiding hadden genoten. De een werkte op de beurs, de ander wilde de politiek in.

'Wij zijn perfect geïntegreerd,' zeiden ze allemaal. Maar de frustratie droop eraf. 'We worden niet geaccepteerd. De Nederlanders blijven ons alleen als moslim zien. Ze vragen altijd wanneer we naar ons land teruggaan.'

Deze mannen en vrouwen wilden meedoen, maar niet assimileren – dat was ook het standpunt van Karacaer. Ze hielden zich strikt aan de voorschriften van de Koran. Bij twijfel wendden ze zich tot een cyber-imam op internet, want hun eigen imam stond te ver van hun wereld af. Ze worstelden met het spanningsveld tussen het geloof en de moderniteit. De jongen die op de beurs werkte, zat met een duidelijk eigentijds probleem: mocht hij tijdens het afzakkertje na het werk zijn collega's op een borrel trakteren? Zelf dronk hij natuurlijk appelsap, maar mocht je alcohol bestellen voor anderen? Een van de meisjes gaf mannen het liefst geen hand, maar wat moest je doen als een Nederlandse man nietsvermoedend zijn hand uitstak? Ze had een modern compromis met zichzelf gesloten: Marokkaanse mannen gaf ze geen hand, Nederlandse mannen voortaan wel. Het gesprek kwam op 11 september. Alle aanwezigen voelden zich sindsdien in de hoek gedrukt. De Nederlanders gedroegen zich koel. Of je nou op de beurs werkte of niet, je werd met de terroristen gelijkgesteld. Geen wonder dat er jongeren waren die radicaliseerden.

## 27 Grimmige sfeer

Haci Karacaer was niet de enige die met gefrustreerde, boze moslimjongeren werd geconfronteerd. Sadik Harchaoui verliet op zijn achtste Douar Khababa in het Marokkaanse Rifgebergte. Zijn vader had als gastarbeider in Spanje en Frankrijk gewerkt en kwam vervolgens in Apeldoorn terecht. Hij runde, samen met zijn oudste broer, een pension en een slagerij, en werkte later in een fabriek.

'Tot hij in de WAO werd gedumpt,' zei Harchaoui bitter. Het enige onderwijs dat Sadik in Marokko had genoten, waren wat lesjes op de koranschool waar hij af en toe heen ging. De dichtstbijzijnde school lag op veertien kilometer loopafstand en was dus onbereikbaar.

In Apeldoorn zat hij op de Groen van Prinstererschool van meester Ubels. 'Ik was analfabeet en moest naar school. Ik weet bij god niet hoe ze het voor elkaar hebben gekregen maar binnen zes maanden sprak ik Nederlands. Ik had snel door dat je vriendjes kreeg als je meedeed met voetballen. Als je daar goed in was, hoorde je erbij.'

Harchaoui wilde per se naar de havo of het vwo. Maar zijn vader vond dat te hoog gegrepen. 'Ik heb het vwo gedaan zonder een keer te blijven zitten en mijn vader kwam er pas na drie jaar achter dat ik niet op de mavo zat!'

Na zijn studie straf- en privaatrecht aan de Universiteit Utrecht werd hij in 2001 benoemd tot eerste officier van justitie van Marokkaanse komaf. Twee jaar later gaf hij zijn loopbaan een nieuwe wending: Harchaoui werd directeur van het multiculturele instituut Forum. Daar kon hij het meest doen voor jongeren die dreigden te ontsporen en radicaliseren, vond hij.

In een Haagse restaurant, waar hij zijn tagliatelle nauwelijks aanraakte, begon hij niet één maar wel tien keer over het steeds intolerantere klimaat in Nederland. Hij maakte zich vooral zorgen over het isolement waarin veel jonge, hoogopgeleide allochtonen waren beland. Afgestudeerden die geen bij het niveau van hun opleiding passende baan kregen. Ze voelden zich volgens Harchaoui door Nederland verraden.

'Alles werd een probleem na 11 september,' signaleerde hij: 'De islam, het gebrek aan veiligheid, de verzorgingsstaat die niet betaalbaar was, de migranten die maar bleven komen. Allemaal de schuld van de allochtonen.'

Wat hem het meest dwars zat, was de buitengewoon geringe bereidheid van de Nederlanders te accepteren dat de multiculturele samenleving een onomkeerbaar feit was.

'Je kunt daar bang voor zijn, maar het is niet anders. Het gezeur erover heeft een uiterst negatief effect op de allochtonen die het wel goed doen. Het gevaar bestaat dat die gaan radicaliseren.'

Hij ergerde zich aan docenten die hun allochtone leerlingen hadden opgegeven omdat ze Bin Laden verafgoodden en de aanslag op de Twin Towers goedkeurden.

'Als je blik op je leerlingen zo is vernauwd, is dat gevaarlijk. Dat kan niet. Dit is de fase van ontmenselijking, wat daarna komt is geweld. Dat bedenk ik niet, dat blijkt uit de geschiedenis. Die polarisatie, dat negatieve... Ik wil niet in zo'n wereld leven. Zo kun je niet praten over zestig procent van de jongeren.'

Harchaoui keek niet op van berichten dat ook in Nederland jongeren werden gerekruteerd voor de jihad, de heilige oorlog tegen het Westen.

'Er gebeurt van alles in die hoofden. Ze zijn woedend omdat ze er niet bij mogen horen. Toen ik opgroeide, was de omgeving niet zo vijandig als nu. Ik werd bij verkeerscontroles ook vaker aangehouden dan mijn Nederlandse vriendjes en ik ben ook wel eens geweigerd bij een discotheek. Dat is een *fact of life* voor allochtone jongeren. Maar in mijn tijd ontbrak de druk om je volledig aan te passen.'

De voorman van Forum was bang dat radicalisering tot terreurdaden zou leiden, en dan had je de poppen pas goed aan het dansen. In 2003 publiceerde hij samen met de politicoloog Frank Buijs een artikel daarover in het juridisch tijdschrift *Proces*. De twee auteurs beschreven de mechanismen die boze moslims in de armen van rekruteurs voor de jihad dreven.

'Waar we op stuitten, was de extreme ontvankelijkheid daarvoor van jongeren uit de allochtone middenklasse. Ze zijn een gemakkelijke prooi voor rekruteurs omdat ze teleurgesteld zijn. Gekwetst. Heel erg gekrenkt.'

Volgens hem waren zulke jongeren obsessief bezig krantenknipsels over Tsjetsjenië, communiqués van radicaal-islamitische organisaties en berichten op internet te verzamelen.

'Hun vermogen om te relativeren is helemaal weg, zulke jongeren raken geruisloos in een proces verwikkeld waar ze niet meer uitkomen. Er lopen op dit moment honderden jongeren rond die rijp zijn om gerekruteerd te worden. Als jongens met een goeie opleiding niet verder komen, dan kan bij hen de knop omgaan. Ik vind dat een serieuze bedreiging voor de rechtsstaat.'

De grimmige politieke sfeer in Nederland (Verdonk die wilde dat iedereen zich aan de bestaande normen en waarden aanpaste, Wilders die de hoofddoekjes rauw lustte) benauwde de directeur van het multicultureel instituut.

'Laatst liep ik over het strand met een goede vriend van me, een wat oudere, wijze man. Ineens zei hij: denk je dat ze ons er hier allemaal uit zullen zetten? Die man was nooit meer naar Marokko geweest maar nu dacht hij toch aan een huisje daar. Voor het geval dat. Van hem had ik zo'n opmerking nooit verwacht.'

Voorjaar 2004 signaleerde de geheime dienst – de AIVD – ook dat de toon van het debat over de migratie een bedreiging voor de democratische rechtsorde begon te vormen. De dienst hield al langer groeperingen in de gaten die het vreedzaam samenleven van burgers in Nederland konden ondermijnen. Eerst ging de aandacht vooral uit naar extreemrechtse clubs als de Centrumdemocraten en de Nederlandse Volksunie. Splinterpartijtjes, maar wel potentiële splijtzwammen in de multiculturele samenleving. Geleidelijk realiseerde de dienst – toen nog de BVD – zich dat ook de politieke islam een gevaar vormde. Radicale imams riepen hun volgelingen op zich ver van de Nederlanders te houden en dat druiste in tegen het door Den Haag gevoerde integratiebeleid.

In 1998 werd deze ongewenste ontwikkeling beschreven in het rapport 'De politieke islam in Nederland'. Het werd de analisten van de geheime dienst niet in dank afgenomen. De discussie op de universiteiten werd nog steeds gedomineerd door 'softies' als Han Entzinger en Rinus Penninx. Zij vonden dat de moslims niet in een kwaad daglicht mochten worden gesteld. De Haagse bureaucratie reageerde al niet enthousiaster. De directie Minderhedenbeleid op het departement van Binnenlandse Zaken liep op hoge poten naar minister Dijkstal. De directie Constitutionele Zaken ook. De mannen van de AIVD kregen het verwijt dat ze de 'Nederland is vol'-denkers in de kaart speelden. Bovendien: waar bemoeiden ze zich eigenlijk mee? Moslims vielen onder de directie Minderhedenbeleid. De democratie onder de directie Constitutionele Zaken. Niet onder de AIVD.

'We hadden daar behoorlijk de pest over in,' vertelde een van de medewerkers ons in het goed beveiligde hoofdkwartier van de dienst in Leidschendam.

'Wij dachten: de Koude Oorlog is voorbij, maar nu doet zich een nieuwe dreiging voor. Een verzorgingsstaat die grote groepen migranten binnenlaat heeft een probleem. Zeker als veel van hen in getto's terechtkomen waar iedereen van een uitkering leeft. Dat kan gevolgen voor de rechtsstaat hebben. Als radicale imams vat krijgen op allochtonen die zich buiten de maatschappij voelen staan, kan dat tot aanslagen leiden. Maar op dat moment stonden we in die analyse nogal alleen.'

De tijdgeest was er nog niet naar. 'In het begin moesten we opboksen tegen argumenten als: of het nou joden of hugenoten waren, migranten zijn altijd een verrijking van de samenleving geweest. Met de Indonesiërs die hiernaartoe kwamen is het ook goed afgelopen. In de jaren negentig bestond er nog een heilig geloof in het absorptievermogen van Nederland. Wij vonden dat we moesten waarschuwen. Zoals onze oud-directeur Arthur Docters van Leeuwen altijd zei: de AIVD is de waakhond, wij moeten op tijd blaffen. Maar het baasje moet optreden. Dat liet op zich wachten. Soms was dat frustrerend.'

Naar de waarschuwingen van de AIVD luisterde politiek Den Haag eigenlijk pas sinds 11 maart 2004. Die dag vielen er bijna tweehonderd doden bij een aanslag op vier forensentreinen in Madrid. De daders: militante moslims die zich hadden laten inspireren door het voorbeeld van Al Qaida. Eerdere aanslagen – op Bali en in Casablanca – hadden ook indruk gemaakt in Den Haag. Bovendien zaten er sinds de zomer van 2003 Nederlandse soldaten in de provincie Al-Muthanna in Irak. Amerika en Engeland hadden eerder dat jaar dictator Saddam Hoessein verdreven en Nederland leverde nu troepen aan een stabilisatiemacht. Officieel geen onderdeel van de gevechtseenheden, maar wist de plaatselijke bevolking dat? Het maakte kwetsbaar. Door Spanje kwam het gevaar akelig dichtbij. Voor het eerst was een Europese hoofdstad aangevallen. Het gaf het gevoel: dit kan bij ons ook gebeuren. Tijdens een Tweede Kamerdebat gaf minister Piet Hein Donner van Justitie toe dat de regering de mogelijkheid van een aanslag door radicale moslims al die jaren niet serieus genoeg had genomen: 'Nederland heeft geen al te grote voortvarendheid betracht.' In het debat betoogde de ene politicus na de andere nu plotseling dat waakzaamheid geboden was.

CDA-fractievoorzitter Maxime Verhagen: 'Nederland moet over zijn eigen schaduw heen springen voor er iets verschrikkelijks gebeurt.'

PvdA-leider Wouter Bos ('Sinds 11 maart zijn wij allemaal Madrilenen'): 'Als er ooit een aanslag in Nederland wordt gepleegd, wil ik kunnen zeggen dat we er alles aan hebben gedaan om het te voorkomen.'

Bij de AIVD waren ze tevreden dat Den Haag eindelijk oog had gekregen voor het gevaar van de politieke islam. Toch beklemtoonde de dienst datzelfde voorjaar dat politici en opinieleiders zich ervoor moesten hoeden de moslims in hun algemeenheid voor rotte vis uit te maken. Sinds de Fortuyn-revolte was het niet ongebruikelijk geworden te generaliseren en de AIVD maakte zich daar zorgen over. Als jonge moslims het gevoel kregen dat ze er toch niet bij hoorden in Nederland, waarom zouden ze dan nog hun best doen om iets voor de samenleving te betekenen? Hoe meer jongeren zich buitengesloten voelden, hoe makkelijker het radicale imams en rondreizende predikers werd gemaakt hen te rekruteren voor de jihad.

In maart 2004 werd via de minister van Binnenlandse Zaken een brief van de AIVD aan de Kamer gestuurd. Gesignaleerd werd dat 'een groeiend aantal moslims zich door opiniemakers en opinieleiders in het maatschappelijk verkeer onheus bejegend voelt'. Daar kwam nog eens bij dat 'in hun ogen de overheid zich niet – of onvoldoende – als onpartijdige arbiter opstelt'. Vooral leden van de tweede en derde generatie tilden zwaar aan de manier waarop over hen werd gepraat, volgens de dienst: 'De groep van de zich onheus bejegend voelende jongeren vormt een voorname vijver van voor radicalisering en eventueel rekrutering ontvankelijke personen.'

De AIVD hoedde zich ervoor man en paard te noemen. Maar wie het debat volgde, wist welke opiniemakers en opinieleiders werden bedoeld: Ayaan Hirsi Ali, Geert Wilders en columnisten als Paul Cliteur, Sylvain Ephimenco en Theo van Gogh.

'Moslims bedreigen de scheiding van kerk en staat,' had Cliteur opgemerkt.

'Het Franse hoofddoekjesverbod is voor mij een lichtend voorbeeld,' voegde Ephimenco daaraan toe.

En Theo van Gogh riep tegen wie het maar wilde horen:

'Weg met de vijfde colonne van geitenneukers.'

Sadik Harchaoui was blij met de interventie van de AIVD in het debat. 'Er gebeurt van alles in die hoofden,' zei hij over de radicaliserende moslimjongeren. 'Ze zijn woedend omdat ze er niet bij mogen horen. Het is onverstandig om ze alleen te veroordelen. Je moet proberen vanuit hen te denken en dat gebeurt onvoldoende. Ik probeer de autoriteiten ook al een tijd van de ernst van de situatie te doordringen.'

Maar niet iedereen was zo positief. In de Kamer spraken Geert Wilders en zijn LPF-collega Joost Eerdmans schande van de AIVD. Wilders noemde de uitlatingen van de geheime dienst 'onaanvaardbaar'. Eerdmans laakte de 'schandelijke aanval' op mensen die zo hun nek durfden uit te steken als Hirsi Ali, door hem een 'zeldzame parel' genoemd.

Cliteur meende dat hij monddood werd gemaakt. Ephimenco schreef in *Trouw* dat hij op een podium werd geplaatst dat 'verdacht veel op een schavot lijkt'.

## 28 Moord in de Linnaeusstraat

Konden de gemoederen in Nederland nog verhitter raken dan ze waren in het voorjaar van 2004?

Ja.

Ayaan Hirsi Ali was inmiddels begonnen aan een rondgang langs politici en journalisten om hun advies in te winnen over haar volgende project: een film waarin de vrouwenonderdrukking in islamitische kring aan de kaak zou worden gesteld. Bijna iedereen waarschuwde haar dat ze haar nek nu onnodig ver uitstak. Maar ja, wat Ayaan in haar hoofd had, praatte je er niet makkelijk uit. Een geschikte regisseur was snel gevonden: Van Gogh, die films als *06* en *Blind date* op zijn naam had staan en niet anders over de moslims dacht dan zij. In maart 2004 was hij bedreigd nadat hij de profeet Mohammed in een column in *Metro* voor 'verkrachter' en 'vieze man' had uitgemaakt. In mei werd het matten met de Belgische moslimmilitant Aboe Jahjah, die het niet nam dat Van Gogh hem de 'pooier van de profeet' noemde. De VPRO zond de film, *Submission*, eind augustus op de televisie uit. Geslagen, naakte vrouwen vielen er te zien met op hun lichaam teksten uit de Koran.

Op 2 november 2004, om halftien 's ochtends, kreeg Ton Smakman een telefoontje. Van Gogh was vermoord terwijl hij door de Amsterdamse Linnaeusstraat fietste. De dader:

Mohammed B., een Marokkaanse jongen die opgroeide in het deel van Amsterdam-West (Overtoomse Veld) waar Smakman jarenlang buurtregisseur van de politie was geweest. De politieman, inmiddels coördinator jeugd van alle westelijke tuinsteden: 'Het was een klap in mijn gezicht. Ik kende het gezin goed.'

Eind van de middag deed de recherche huiszoeking bij de familie B. in de Hart Nibbrigstraat in Overtoomse Veld. Smakman bood aan als eerste van het onderzoeksteam naar binnen te gaan. Hij wilde niet dat de situatie uit de hand zou lopen.

In de flat waren de voorbereidingen voor de ramadanmaaltijd in volle gang. Toen de ene rechercheur na de andere opdook, drong de waarheid langzaam tot de familie door. De vader van B. stortte ter plekke in. Op straat werd het ondertussen onrustig. Opgeschoten jongeren vernielden de auto's van de rechercheurs die binnen aan het werk waren.

Smakman was vooral geschokt omdat hij een tijd lang samen met Mohammed in de redactie van het buurtblad *Over 't Veld* zat. Hij had hem van een modern geklede Marokkaanse jongen in een fundamentalist zien veranderen – met vlassig baardje en in een witte slobberbroek. Die metamorfose bezorgde hem kippenvel. Maar een moordaanslag? Smakman: 'Dat had ik niet voor mogelijk gehouden.'

Nu had de oud-redacteur van *Over 't Veld* met zeven kogels en twee messen een gewelddadig eind aan het leven van de regisseur van *Submission* gemaakt. Op het lichaam had hij een boodschap voor Ayaan Hirsi Ali achtergelaten: 'Sinds uw aantreden in de politieke arena van Nederland bent u constant bezig om de Moslims en de Islam te terroriseren met uw uitlatingen. U heeft met uw afvalligheid niet alleen de Waarheid de rug toegekeerd maar u marcheert ook langs de ranken van de soldaten van het kwaad.'

Niet alleen Hirsi Ali, ook haar partij, de VVD, kreeg er flink van langs: 'Het is een feit dat de Nederlandse politiek gedomineerd wordt door vele Joden die een product zijn van de Talmud leerinstellingen; zo ook uw politieke partijgenoten. Wat vindt u ervan dat Van Aartsen een ideologie aanhangt waarin niet-Joden als niet-mensen worden gezien?'

De open brief liet er geen twijfel over bestaan dat de kogels en messteken eigenlijk voor het Kamerlid bedoeld waren: 'Er zal een Dag komen waarop de ene ziel de andere ziel niets kan baten. Een Dag dat gepaard gaat met verschrikkelijke martelingen en kwellingen. Een Dag dat de onrechtvaardigen afschuwelijke kreten uit hun longen persen. Kreten, mevrouw Hirschi Ali, die rillingen over iemands rug zullen veroorzaken; dat de haren op de hoofden rechtovereind doet staan. ANGST zal op die Grote Dag de atmosfeer vullen.'

Angst vulde de atmosfeer al.

Toen Fortuyn werd doodgeschoten, was de eerste reactie van veel mensen: als de dader maar geen moslim is. De Koude Oorlog tegen de islam die de vermoorde politicus predikte had dan makkelijk in een Hete Oorlog kunnen omslaan. Toen de schutter een dolgedraaide milieu-activist bleek te zijn gebeurde er nog genoeg: supporters van ADO Den Haag die een avond lang het Binnenhof belegerden, auto's die in brand werden gestoken. Massaal rouwbeklag, stille tochten en politici van PvdA en GroenLinks die werden bedreigd, want de kogel was van links gekomen. Maar tot een treffen tussen bevolkingsgroepen kwam het niet. Bij de moord op Van Gogh ging het wel om een dader in djellaba. Mohammed B. was precies het type waarvoor Haci Karacaer, Sadik Harchaoui en de onderzoekers van de AIVD al die jaren hadden gewaarschuwd: opgegroeid in het getto van Amsterdam-West, helemaal geen domme jongen. Hij had een havodiploma op zak, wilde accountant worden, leidde politieke debatten in de buurt en deed vrijwilligerswerk. Toch voelde hij zich miskend en sloeg hij aan het radicaliseren.

B. was een moslimterrorist van eigen bodem. Dat veroorzaakte paniek. De autoriteiten waren bang dat het dit keer wel tot botsingen tussen autochtonen en moslims zou leiden. Zo'n explosie van geweld moest worden voorkomen.

In Den Haag werd Ayaan Hirsi Ali nog voor tienen 's ochtends onder verscherpte bewaking geplaatst.

'Ik had me voorbereid op een gewone Kamerdag,' vertelde Jozias van Aartsen, toen nog fractieleider van de VVD, ons later. 'Met al zijn vaste rituelen: de fractievergadering, het vragenuurtje. Ik kwam te laat. Toen ik aanfietste, zag ik nog net hoe Ayaan in veiligheid werd gebracht. Er liepen zo veel bodyguards om haar heen en ze waren zo gepresseerd dat ik meteen begreep dat er wat ernstigs aan de hand was.'

Op het stadhuis van Amsterdam werd het Draaiboek Vrede uit de kast gehaald: alle wijkagenten werden onmiddellijk hun buurt ingestuurd om erachter te komen of er etnische spanningen waren. Op de Dam werd 's avonds een lawaaidemonstratie georganiseerd zodat iedereen stoom kon afblazen.

Buiten de hoofdstad was het wél raak. Van de kop van Noord-Holland tot het zuiden van Limburg – op veel plaatsen deden zich gewelddadige incidenten voor. Moskeeën werden beklad en in brand gestoken. Christelijke kerken ook. De brandstichting in de islamitische Bedirschool in Uden (Noord-Brabant) werd het symbool van 'de week van Van Gogh'.

Een handjevol Marokkaanse vrouwen uit Amsterdam-West ontging het dat er een 'jihad' aan de Noordzee woedde. In Geuzenveld, een paar minuten fietsen van de plek waar Mohammed B. opgroeide, zaten de vrouwen in lang gewaad rond een feestelijke tafel vol zelfgemaakte taarten en hartige hapjes. Er viel wat te vieren: ze hadden een nieuw lokaal voor hun taalles betrokken. De consternatie over de moord in de Linnaeusstraat – een paar dagen daarvoor – was nauwelijks tot hen doorgedrongen. Ze hadden andere zorgen aan hun hoofd: de stadsvernieuwing die met zich meebracht dat ze tijdelijk hun huis uit moesten. Bovendien: ze kenden bijna geen Nederlanders. Dus wisten ze ook niet welke aardschok zich na de dood van Van Gogh had voorgedaan.

'Ik heb met niemand contact,' zei een van de vrouwen. 'Ik woon tussen allemaal Turken.'

Ze vertelden over hun kinderen die op een zwarte school zaten en dus geen Nederlandse vriendjes en vriendinnetjes hadden. Een forse, vriendelijke vrouw in een strenge zwarte sluier had net een kleinzoon gekregen.

'Mabrok,' zei iedereen. Gefeliciteerd. De grootmoeder had zelf nog drie jonge kinderen op de basisschool.

Fatima, een van de vrouwen, moest diep nadenken over de vraag naar welke middelbare school haar zoon ging. Ze wist het niet, zei ze, verlegen glimlachend. De andere vrouwen probeerden haar een handje te helpen.

'Is het misschien het ROC? Het Mondriaan College? Het Meridiaan?'

Fatima haalde haar schouders op. 'Echt,' zei ze, 'ik weet het niet.'

Na de moord op Van Gogh had de Amsterdamse onderwijswethouder Ahmed Aboutaleb de Marokkaanse ouders opgeroepen hun opstandige zoons beter in het gareel te houden. Hoe haalde hij het in zijn hoofd, vroegen de moeders in Geuzenveld zich af. Allemaal hadden ze schatten van kinderen en bovendien: hoe moesten ze weten of zo'n jongen radicaliseerde?

'Zodra ze zestien zijn, vertellen ze ons niet meer wat ze doen.'

Was er in hun moskee door de imam over de moord gesproken? De vrouwen keken verbaasd. Niet dat ze wisten.

'Bidden en weg,' beschreef een vrouw haar gang naar het gebedshuis.

Het gesprek in Geuzenveld bevestigde wat Foquz Etnomarketing eerder had geconstateerd: de moeders uit West waren de greep op hun kinderen kwijtgeraakt.

De taalschriften gingen open. Vandaag zou de letter M (Melk-Morgen-Meer) worden behandeld. Maar de lerares stond erop dat eerst over de gebeurtenissen van de afgelopen week zou worden gesproken. Vreselijk vonden de vrouwen de moord op Theo van Gogh. Maar vervolgens schoten ze in de verdediging.

'Het was maar een eenling,' zei de een.

'Een gek,' zei de ander. 'Met de islam heeft dit niets te maken.'

Dat Mohammed B. daar anders over dacht, getuige de teksten die hij op het lichaam achterliet, maakte geen indruk op de vrouwen. Het leek of ze daar niet over wilden praten. 'Hij moet zijn straf krijgen,' zeiden ze. 'Maar wij willen er niet op worden aangekeken.'

Theo van Gogh was eigenlijk het slachtoffer van Ayaan Hirsi Ali geworden, vonden ze.

'Die film met die vrouw en die Koranteksten, dat mag niet.'

In Nederland mag je alles zeggen wat je wilt, hield de lerares hun voor.

'Mag niet beledigen,' antwoordde een van de vrouwen kordaat. Daar was iedereen het hartgrondig mee eens.

## 29 Den Haag in verwarring

'Verboden gebied', meldde een bordje op de vijfentwintigste verdieping van het ministerie van Onderwijs in Den Haag. Daar – met riant uitzicht over de Noordzee – zetelde de NCTb, de Nationaal Coördinator Terrorismebestrijding. Door een toevallige samenloop van omstandigheden was die cruciale functie toegevallen aan Tjibbe Joustra. Secretaris-generaal van het ministerie van Landbouw was hij geweest, en later kwartiermaker bij uitkeringsinstantie UWV. Daar liep het spaak. Joustra zou te veel geld hebben gespendeerd aan de verbouwing van het hoofdkantoor en minister De Geus van Sociale Zaken eiste zijn vertrek. Zijn voorspoedige carrière leek voorbij. Totdat Jozias van Aartsen ingreep. De VVD-fractieleider kende Joustra nog uit de tijd dat ze allebei secretaris-generaal waren.

'Joustra is een bulldozer,' vond Van Aartsen: 'Iemand met een drive.'

De liberaal was al langer van mening dat Den Haag het gevaar van het moslimterrorisme schromelijk onderschatte.

'Ik heb daar altijd heldere taal over gesproken maar dat werd me niet in dank afgenomen. Ik werd neergezet als een alarmist. Er bestond toch lang een sfeer van: er is zo veel honger en armoede in de wereld en dan moet je er niet raar van opkijken dat zulke dingen gebeuren. Terwijl ik denk:

de armen in Afrikaanse dorpen en Indiase sloppenwijken grijpen helemaal niet naar semtex en bommen. Het gevaar komt van goedopgeleide jongens, intelligente mensen die ontzaglijk goed weten wat ze doen. Het zijn helemaal geen zielenpieten. Ik heb voortdurend gezegd: dit is een probleem en daar moeten we ons tegen wapenen. Maar het heeft ons Nederlanders grote moeite gekost om te erkennen dat ons de oorlog is verklaard, dat we een vijand hebben. Dat muntje is te traag gevallen.'

Van Aartsen raadde de ministers Donner van Justitie en Remkes van Binnenlandse Zaken aan Joustra tot NCTb te benoemen. Die kon ervoor zorgen dat Nederland weer veilig werd.

Tegen de zomer van 2004 was de coördinator terrorismebestrijding aan het werk getogen. Voorlopig zat hij er in zijn dooie eentje. Joustra wilde de beste vakkrachten aantrekken die de ministeries van Binnenlandse Zaken en Justitie en diensten als de AIVD en de politie in huis hadden. Rond 1 september zou hij de eerste sollicitanten ontvangen. Hij dacht een halfjaar nodig te hebben om een geolied apparaat op te bouwen. Begin 2005 moest alles op rolletjes lopen.

Op 2 november werd de opbouw van zijn prille organisatie wreed verstoord door de moord op Van Gogh.

De NCTb: 'Het was een heel andere vorm van terreur dan we verwachtten. We hadden de aanslag op de Twin Towers gehad, de aanslag op de forensentreinen in Madrid. Nu ging het niet om een gebouw maar om de moord op een individueel persoon.' Zo'n gebeurtenis stond niet beschreven in de draaiboeken die klaarlagen.

Dankzij de moord steeg zijn aanzien binnen de ambtelijke hiërarchie tot ongekende hoogte. Elke dag werd er crisisberaad gehouden en Joustra mocht voorzitten. Aan de grote vergadertafel van het departement van Binnenlandse Zaken zaten de ministers Piet Hein Donner en Johan Remkes, topambtenaren en directeur Sybrand van Hulst van de AIVD. Zouden er nog meer terreuraanslagen volgen, wie en wat moest er worden beveiligd, hoe groot was de kans dat er etnische conflicten zouden uitbreken? Over dat soort onderwerpen ging het. Maar de meest brandende vraag was: wat hadden ze over het hoofd gezien?

Een week lang voelden Donner en Remkes de AIVD aan de tand. De dienst had de bewindslieden verzekerd dat gevaarlijke fundamentalisten in de gaten werden gehouden. Waarom Mohammed B. dan niet? Het rijtjeshuis in de Marianne Philipsstraat in Geuzenveld waar hij sinds 2002 woonde, stond bij de AIVD bekend als terroristenpandje. De dienst wist van de samenzweerderige bijeenkomsten die er werden gehouden. Maar kennelijk leefde men in de veronderstelling dat Mohammed B. bij die gelegenheden alleen de hapjes en drankjes verzorgde. Kon Van Hulst de ministers uitleggen waarom er zo'n blunder was begaan? Het werden uiterst pijnlijke sessies.

Dat de overheid had zitten slapen – wat iedereen die novembermaand natuurlijk dacht – was niet helemaal waar. Al voor de benoeming van Tjibbe Joustra tot nationaal coördinator was meer samenwerking tot stand gebracht tussen de AIVD, politie, justitie en de militaire inlichtingendiensten. Tot die tijd waren die wel met de war on terror bezig geweest maar allemaal los van elkaar. Wat de een wist, kreeg de ander niet zomaar te horen. Vlak na de aanslagen in Madrid werd aan die belachelijke situatie een einde gemaakt. De Contra-Terrorisme-Infobox ontstond: een centrale databank waaraan alle diensten hun hoogst geheime informatie moesten afstaan.

Omdat je niet iedereen dag en nacht kon schaduwen, kregen radicale moslims met internationale contacten (Saoedi-Arabië, Pakistan) voorrang. Alert was de overheid vooral op mogelijke aanslagen op gebouwen, treinstations en de luchthaven Schiphol. Bij een overval op een supermarkt stuitte de Rotterdamse politie op Samir A. – suspect omdat hij op pelgrimstocht naar Tsjetsjenië was geweest. Thuis werden plattegronden van Schiphol, het Binnenhof en de kerncentrale in Borssele gevonden. Reden om in juli 2004 een nationaal terreuralarm uit te vaardigen, waar toen door de bevolking nogal lacherig op werd gereageerd.

De naam van Mohammed B. was sinds 2002 al bij de AIVD en de inlichtingendienst van de Amsterdamse politie bekend. In het buurtblad *Over 't Veld* had hij een wel erg fanatieke lofzang op Allah geschreven. Dat werd gerapporteerd. Net als zijn veranderende uiterlijk en het feit dat hij op de straathoek Koranteksten stond te schreeuwen. Toch werd het niet nodig geoordeeld hem in de CT-Infobox op te nemen. Anders dan pelgrims als Samir A. was hij de stadsgrens van Amsterdam nooit overgegaan. Ook viel hij niet te betrappen op contact met Al Qaida-achtige groeperingen. Reden om aan te nemen dat ze met een kleine vis van doen hadden.

Had de AIVD echt niet kunnen weten dat in Mohammed B. een koelbloedige moordenaar schuilde?

Op een warme septemberavond in 2005 opende Dick Glastra van Loon de deur van Buurtcentrum Eigenwijks in de Jan Tooropstraat in Overtoomse Veld. Glastra van Loon was al jaren lang de drijvende kracht achter het buurtcentrum. Hij had Mohammed B. bij het vrijwilligerswerk ingeschakeld: bij de redactie van *Over 't Veld* en om koffie en thee te serveren in de Van Eesterenzaal. Net als politieagent

Smakman had Glastra van Loon B. zien veranderen. Het geloof werd steeds belangrijker voor hem. Er kwam een moment dat hij buurtbewoners verbood een pilsje te drinken en weigerde vrouwen nog langer de hand te schudden. Urenlang zat hij in het kamertje naast het kantoor van Glastra van Loon hardop te bidden. Dat bevreemdde de opbouwwerker. Een opmerking had hij er niet over gemaakt. 'Toen dacht ik nog: het hoort er allemaal bij, daar moeten we aan wennen.' Inmiddels besefte hij dat hij het radicaliseringproces dat Mohammed B. onderging serieuzer had moeten nemen.

Ton Smakman en zijn collega's bij de politie was het niet ontgaan dat Mohammed snel bezig was te radicaliseren. Al in oktober 2003 rapporteerden ze dat de latere moordenaar van Van Gogh in slobberbroek Koranteksten stond te schreeuwen. Maar de AIVD deed niets met die tip.

Fatimazohra Hadjar kende B. ook persoonlijk. Tijdens de ramadan van 2002 hadden ze samen gekookt voor de autochtone ouderen in de buurt. Mohammed gaf hun uitleg over de betekenis van de vastentijd. Hij onderstreepte het belang van bezinning en bij jezelf te rade gaan.

Fatimazohra was een opvallende verschijning. Ze was Surinaamse, maar lang getrouwd geweest met een Algerijn. In die tijd bekeerde ze zich tot de islam en nam ze haar huidige naam aan. Geen vrouwenplatform of begeleidingsklas voor allochtone jongeren in Amsterdam-West of Fatimazohra was erbij betrokken. Achteraf was ze woedend op Mohammed B.: 'Na de moord op Van Gogh heb ik mijn hoofddoek afgedaan, ik wil niet geassocieerd worden met moslims die zoiets doen. Ze hebben mijn religie te schande gemaakt.'

Leny Mulder, leerplichtambtenaar in het stadsdeel Osdorp, was wel eens bij Mohammed en zijn familie thuis geweest. Ze had nooit gedacht dat hij in staat zou zijn iemand te vermoorden. Mulder noemde hem 'een vreselijk aardige jongen. Je kon goed met hem praten.'

Maar volgens Albert Benschop had de AIVD wel degelijk kunnen weten wat voor vlees ze in de kuip hadden. Benschop was als socioloog verbonden aan de Universiteit van Amsterdam. Hij hield alle uitingen van radicale moslims op internet bij. Wie daar zijn ogen goed de kost gaf wist dat het om een vooraf aangekondigde moord ging, was zijn stelling. Zijn kritiek op de AIVD: de dienst had internet niet goed gevolgd.

In praatgroepen was Benschop op ene Abu Zubair gestuit, een teleterrorist van het zuiverste water. Hij slingerde de vreselijkste verwensingen naar het hoofd van de koning van Marokko die hij een hoer van de Amerikanen noemde. Hij uitte bedreigingen aan het adres van de ministers Donner, Remkes en Verdonk en Kamerlid Geert Wilders. Abu Zubair was niemand anders dan Mohammed B. Als de dienst het spoor gevolgd had, was de moord in de Linnaeusstraat misschien te voorkomen geweest. Benschop: 'Je kunt het gedrag van zulke jongens niet afdoen met: het zijn pubers die schreeuwen om aandacht. Ze zijn echt gevaarlijk.'

Dat bleek op 2 november.

## 30 De pijnlijke voet van de premier

Politiek Den Haag zat sinds de moord vooral met de vraag: hoe kunnen we voorkomen dat de situatie verder uit de hand loopt? Een ding stond vast: deze keer moest het niet zo stuntelig gaan als twee jaar eerder bij de moord op Fortuyn. Toen had een bleek weggetrokken minister De Vries van Binnenlandse Zaken op de televisie een plichtmatige verklaring voorgelezen. Met als belangrijkste boodschap: mij treft geen blaam. Dit keer wilde iedereen betrokken en professioneel overkomen. De bevolking moest ervan worden doordrongen dat – ondanks de 'laffe moord' – het land in goede handen was.

Daar hadden de politici nog een zware klus aan.

Wie mag het eerst het volk toespreken? Wie grijpt de leiding in zo'n crisissituatie? Wie gaat de geschiedenis in als de Mozes die het volk veilig door de woestijn loodst? Achter de schermen is dat de vraag waar het om draait op zo'n moment.

Meteen brak het gevecht tussen Den Haag en Amsterdam daarover uit. In de hoofdstad hadden burgemeester Cohen, korpschef Bernard Welten en officier van justitie Leo de Wit voor één uur 's middags een persconferentie uitgeschreven. Tot grote schrik van het Binnenhof, waar men vond dat de premier als vader des vaderlands naar voren moest treden. In grote haast werden de cameraploegen ontboden. Nog voordat de persconferentie in de Stopera begon, kon de premier meedelen dat hij 'met grote afschuw' had kennisgenomen van de gebeurtenissen.

De rest van de dag stond de vraag centraal wie mocht spreken op de 'lawaaidemonstratie' die 's avonds op de Dam werd gehouden. Aanvankelijk stonden alleen de burgemeester van Amsterdam en Van Goghs boezemvriend Theodor Holman op het programma. Den Haag vond dat geen goed idee. Zo'n herdenking moest geen exclusief Amsterdamse gebeurtenis worden. Bovendien: in zijn laatste column in *Metro* had Van Gogh de burgemeester nog uitgemaakt voor een 'rasopportunist' die een wit voetje bij de moslimfundamentalisten wilde halen. Moest die man nu de ceremoniemeester zijn?

'Het mag niet het feestje van Job worden,' zeiden ze in Den Haag.

Premier Balkenende stond niet te trappelen om naar de hoofdstad af te reizen. Hij was net genezen van een pijnlijke voetoperatie en had andere beslommeringen: hij had een nacht niet geslapen vanwege moeizame onderhandelingen met de vakbeweging. Terwijl op de Dam het oorverdovende lawaai van toeters, pannen en deksels klonk, zat JP moederziel alleen op zijn appartementje in Den Haag naar de televisie te kijken.

D66-staatssecretaris Medy van der Laan van Cultuur en Mediabeleid had de honneurs graag willen waarnemen. Filmers zaten in haar portefeuille tenslotte. De raadsadviseurs van Balkenende zagen daar niets in. Van der Laan was te laag in rang. Er moest toch wel ten minste een minister worden afgevaardigd.

Het kostte geen moeite die te vinden. Rita Verdonk van Vreemdelingenzaken en Integratie wilde niets liever dan de menigte op de Dam toespreken.

Zo kon het gebeuren dat niet Holman, maar zij namens de vrienden van Theo van Gogh het woord voerde. Dat tegenstanders van haar asielbeleid haar ter plekke uitfloten, nam Verdonk graag voor lief. Ze sprak ferme taal aan het adres van de moslimfundamentalisten: 'Nederland staat op de tweesprong. Tot hier en niet verder!'

Nadat moskeeën werden beklad en de Bedirschool in brand was gestoken, werd Balkenende alsnog het land ingestuurd.

Pijnlijke voet of niet, zijn adviseurs hielden hem voor dat hij nu echt de deur uit moest. Van Uden tot Amsterdam-Oost – overal dook de premier op om de bevolking voor te houden dat we 'zo niet met elkaar moesten omgaan'.

Wat kwamen er veel onderlinge irritaties naar boven door de moord op Van Gogh! Acht dagen lang zaten Cohen, Donner en Remkes achter de schermen te touwtrekken over de precieze tekst van de brief die de ministers naar de Kamer zouden sturen over de moord. Cohen was bang dat de Haagse departementen de Amsterdamse politie de schuld in de schoenen wilden schuiven. Hij eiste een minutieuze reconstructie van alle momenten waarop Mohammed B. in het vizier van de AIVD was gekomen. Hij was kwaad dat informatie over de latere moordenaar wel was doorgespeeld naar de regionale inlichtingendienst maar niet naar het stadhuis. Daardoor wist het gemeentebestuur niet van zijn bestaan af.

Cohen na afloop op zijn kamer met uitzicht over de Amstel: 'Het probleem zat hem in de positie van de regionale inlichtingendienst. Die RID is onderdeel van het politiekorps van Amsterdam maar doet onderzoek in opdracht en onder verantwoordelijkheid van de AIVD. Die besluit eigenmachtig of de resultaten van het onderzoek gedeeld mogen worden met de korpsleiding en de burgemeester. Dat is in dit geval niet gebeurd, en dat beviel me niet.'

De volgende die zich geschoffeerd voelde was burgemeester Deetman van Den Haag. Een week na de moord verzocht de AIVD de Haagse politie een arrestatieteam te sturen naar de Antheunisstraat in het Laakkwartier. Daar bivakkeerden – wist de dienst – twee handlangers van Mohammed B.: Jason W. en Ismail A. Gewelddadige types, bleek later uit het strafdossier. Citaat van Jason: 'De onthoofding van de MP op video, dat is relaxed.'

Een beetje onbegrijpelijk dus dat de geheime dienst het niet nodig vond de politie te waarschuwen dat ze vuurgevaarlijk waren.

In het holst van de nacht werd het pand betreden. Jason gooide een handgranaat. Drie agenten moesten gewond worden afgevoerd. Deetman was razend. De uren daarna verplaatsten zich steeds meer terrorisme-experts richting Laakkwartier: een Bijzondere Bijstands Eenheid van het Korps Mariniers, scherpschutters van de Koninklijke Marechaussee. Er gingen geruchten dat er tanks en helikopters op weg waren naar Den Haag. Op straat braken relletjes tussen autochtonen en allochtonen uit. Tegen vijven 's middags werden Jason en Ismail alsnog overmeesterd.

Op donderdag 11 november moesten Donner en Remkes de Kamer uitleggen waarom de moord op Van Gogh niet verhinderd was. De gemoederen liepen hoog op – vooral omdat Johan Remkes stug volhield dat de AIVD en de politie niets te verwijten viel.

'Het is een schande dat we weten dat er potentiële terroristen in ons land rondlopen en dat we ze gewoon laten doorlopen,' riep Geert Wilders (die inmiddels zijn eigen eenmansfractie vormde) verontwaardigd uit.

André Rouvoet van de Christen Unie begreep niet waarom Mohammed B. niet in de CT-Infobox zat: 'Terwijl de Amsterdamse politie toch al in september 2003 meldde dat B. uiterlijke kenmerken van voortgaande radicalisering vertoonde.'

Femke Halsema van GoenLinks laakte de manier waarop Amsterdam en Den Haag elkaar de schuld in de schoenen probeerden te schuiven. Ze vond 'dat er slecht is samengewerkt op alle niveaus, van rollebollende ministers tot landelijke, regionale en lokale diensten en autoriteiten.'

Spannend werd het toen VVD-aanvoerder Van Aartsen zijn partijgenoot Remkes als een baksteen liet vallen. Er waren wel degelijk grove fouten gemaakt en het was belangrijk om dat onder ogen te zien. De minister van Binnenlandse Zaken probeerde ondertussen zijn blaadjes op de goede volgorde te leggen en spuide onbegrijpelijke teksten over het voorliggende feitencomplex, de indringendheid van het maatschappelijk probleem, de informatiepositie van de diensten en de netwerkgerichte aanpak van terroristen die niet verward moest worden met de targetgerichte aanpak. Er viel werkelijk geen touw aan vast te knopen. Van Aartsen riep zijn partijgenoot op helder te zijn. Waarna vanachter de regeringstafel een wazig betoog volgde over terroristen die in de bewassing waren genomen.

Pas helemaal aan het eind van het debat beloofde Remkes zijn leven te beteren.

## 31 Het paard verzamelen

Een paar maanden later zaten we op de kamer van Van Aartsen op het Binnenhof. De moord op Van Gogh had hem niet losgelaten. Van Aartsen over de AIVD: 'Er is te veel in sjablonen gedacht. Als je in Pakistan was geweest, werd je in de gaten gehouden. Als je achter je computer moordplannen zat te beramen, niet. Zo'n hiërarchie hadden ze niet mogen aanbrengen. Kijk nou eens wat voor brief Mohammed B. op het lichaam van Theo heeft achtergelaten. De VVD wordt uitgemaakt voor een jodenclub, het is een walgelijk antisemitisch geschrift. Zo iemand mag je toch niet laten lopen?'

De mentaliteit bij de inlichtingendiensten moest veranderen, vond hij: 'Ze moeten van het denken in sjablonen af. Ze moeten creatief worden. Het moet gaan kriebelen, het moet gaan tintelen.'

En – over zijn aanval op de minister: 'We hadden het in de Kamer al vaak over het gevaar van radicalisering van moslimjongeren gehad. De AIVD had daar een paar keer voor gewaarschuwd. Dat moet je serieus nemen en dat was niet gebeurd. Er was een moord gepleegd, er was iets vreselijk fout gegaan en de minister van Binnenlandse Zaken en Koninkrijksrelaties zei helemaal niks. Dat pikte ik niet. En ik geloof dat mijn boodschap uiteindelijk is overgekomen.'

Rollebollende ministers had Femke Halsema gesignaleerd. Er kwam geen eind aan.

Vice-premier Gerrit Zalm, die ooit een gastrol had vervuld in Van Goghs film *Cool!*, riep geëmotioneerd uit dat het kabinet het moslimextremisme de oorlog verklaarde.

Balkenende haastte zich dat recht te zetten. Dat was geen verstandig taalgebruik.

Rita Verdonk sprak in Soesterberg de deelnemers aan een workshop Nederlandse waarden en normen voor imams toe. Het huis was te klein toen een van hen – imam Salam uit Tilburg – haar uitgestoken hand negeerde.

Sommigen van haar collega's vroegen zich langzamerhand bezorgd af of het kabinet zelf geen onderdeel van de polarisatie begon uit te maken.

Zoals D66-minister van Economische Zaken Laurens Jan Brinkhorst. Hij lag ziek thuis toen hij Zalm op de televisie opeens de oorlog aan de radicale moslims zag verklaren. Brinkhorst zat meteen rechtop in zijn bed.

'Ik vond dat een slecht gekozen term. Oorlog voer je tegen een ander land, niet tegen een minderheid binnen de eigen bevolking. Als je dat soort termen gebruikt, wek je de indruk dat we belegerd worden. Dat was een verkeerd signaal.'

Het kabinet moest zich niet het hoofd op hol laten brengen door schreeuwlelijken als Wilders, waarschuwde hij: 'Als je achter populisten aanloopt, roep je zelf het populisme over je af. Ik zeg altijd: wie wind zaait, zal storm oogsten. We moeten weerstand bieden aan het populisme!'

De angst voor een burgeroorlog tussen autochtonen en allochtonen zat diep bij de minister: 'Ik zal het even heel persoonlijk zeggen. Als klein jongetje heb ik in Groningen de oorlog meegemaakt. Mijn vader – voormalig rubberplanter in Indonesië – was toen al overleden. Ik werd opgevoed door mijn moeder, een Indische dame. Ik zag er zelf ook heel Indisch uit. In Groningen werd ik voor pindachinees uitgescholden. Dat vergeet je nooit meer.

Na de oorlog gaf mijn moeder onderwijs in een Ambonezenkamp op de Veluwe. Je had toen ook spanningen tussen jongeren uit verschillende bevolkingsgroepen. De Ambonezen vochten met de boerenzonen uit de buurt. Ik heb dat van dichtbij meegemaakt. Nee, ik stond niet aan de kant van de kaaskoppen. Ik ben geen Nederlander pur sang. Ik heb Frans bloed, Portugees bloed, Indisch bloed. Dat beïnvloedt je denken.'

Zoals de Ambonezen en kaaskoppen destijds stonden nu moslims en niet-moslims, Vrienden en Vijanden van Theo van Gogh elkaar naar het leven. Voor een man die zijn hele leven lang kosmopolitisch en Europees dacht en niets van bekrompen nationalisme moest hebben, een gruwelijke gedachte.

Brinkhorst – op zijn kamer waar het schilderij *Die Last der Vergangenheit* aan de muur hing: 'Ik ben nog van de generatie die heeft meegemaakt waar nationalisme toe kan leiden. Tot oorlog. Ik zie nog het Engelse gevechtsvliegtuig voor me dat in het bos neerstortte. De handschoen met de afgerukte hand van de vliegenier erin. Dat heeft een verpletterende indruk op me gemaakt. De generatie die in de Tweede Wereldoorlog is opgegroeid, weet: het gevaar ligt altijd op de loer.'

Mooi gesproken. Maar een groot deel van de kiezers maakte zich zorgen over het oprukken van onverdraagzame vormen van de islam.

Brinkhorst: 'Ik ben het ermee eens dat we de problemen in het verleden hebben onderschat. We dachten: we hebben een mooie verzuilde maatschappij en daar passen we de islam even in. Geef ze een eigen kokertje en dan hoeven we verder niet naar ze om te kijken. We noemden dat tolerantie, maar het was onverschilligheid. Dat is onze eigen fout geweest. En wat voor normen en waarden hebben we de migranten nou bijgebracht? We gedoogden het drugsgebruik, we gedoogden het voetbalvandalisme. Welke spiegel houd je de migranten dan voor? We wisten zelf niet meer waar de grenzen lagen.'

Kom nou! Er waren toch veel Turken en Marokkanen die er geen enkele behoefte aan hadden om te integreren?

'Het moet wel van twee kanten komen. Maar ik vind het verkeerd om nu te overreageren. De oplossing is niet om je achter de waterlinie terug te trekken of een hek om Nederland te plaatsen. De oplossing is niet: ga terug naar je land of eigen land eerst of hoe heet die term ook alweer? We moeten hier geen apartheidspolitiek gaan bedrijven.'

De segregatie was er al.

'Dat vind ik een defaitistische opmerking. Als minister van Economische Zaken kan ik u verzekeren dat er heel wat meer allochtonen ondernemer willen worden dan autochtonen. Ze zijn bereid risico te nemen omdat ze een zwakkere positie op de arbeidsmarkt hebben. Dat getuigt van initiatief.'

Natuurlijk: extremistische imams moesten worden aangepakt, het terrorisme moest worden bestreden. Maar er was volgens Brinkhorst geen reden om in paniek te raken.

'We moeten niet doen alsof plotseling de bliksem is ingeslagen. In de jaren zeventig werden werkgevers vermoord door de Rote Armee Fraktion. Je hebt de IRA, je hebt de ETA. Je moet zulke groepen zien te isoleren. Dat doe je niet door alle Ieren, Basken en moslims over een kam te scheren.'

Brinkhorst bleek niet gecharmeerd van de 'provocaties' van Hirsi Ali: 'Wie denkt de diepe maatschappelijke problemen te kunnen oplossen door nu te polariseren en te provoceren, heeft het mis. Je moet rekening houden met het feit dat een deel van de samenleving een totaal ander referentiekader heeft. Doe je dat niet, dan gooi je alleen maar olie op het vuur.

Toen ik de film *Submission* zag, dacht ik: oei oei, loopt dit wel goed af? Je weet wat er gebeurt als je in een munitiemagazijn een sigaret opsteekt. Zo'n film mag, maar ik vond het niet verstandig. Ik vind het heel begrijpelijk dat daar onder de moslims opwinding over is ontstaan. Neem me niet kwalijk! Wie is hier nou naïef?

Ik vind dat dit niets te maken heeft met de vrijheid van meningsuiting. Als ik voor het huis van mijn buurvrouw de hele dag "rothoer" roep, wordt ze boos. Daar moet ik dan niet verbaasd over zijn. De situatie is kwetsbaar met zo veel tegenstellingen. Als je dan voortdurend herhaalt dat je gelijk hebt en gelijk wilt krijgen, draag je bij tot een klimaat waarin oplossingen niet meer mogelijk zijn.'

Brinkhorst vond dat de Nederlanders van tegenwoordig elkaar te ruw behandelden.

'Ik ben er tegen om ongeremd van alles te roepen. Je moet nadenken voordat je iemand voor rotte vis uitmaakt. Ik kan het woord kut-Marokkaan niet meer horen. En de term geitenneuker krijg ik niet over mijn lippen. In het dagelijks leven en op de televisie worden nu woorden gebruikt waarvan ik zeg: die zijn provocerend, die zijn vuig, die hebben niets meer te maken met het benoemen van de problematiek. Mensen worden tegen elkaar opgezet. Als ik mijn vrijheid van meningsuiting alleen kan veroveren door jou te vernederen, dan ben ik onverantwoord bezig.

En dat moet ook maar eens hardop worden gezegd. Ik vind helemaal niet dat alles moet kunnen.'

Brinkhorst, aan het eind van het gesprek: 'We moeten het paard verzamelen. Dat is ruiterstaal. Het betekent: de teugels in handen nemen, je knieën flink tegen de flank van het paard zetten. Zodat het paard weet wie de leiding heeft. We moeten durven erkennen dat in Nederland een paar dingen rot zijn. Er is koers nodig. Visie.'

## 32 De haarvaten van de samenleving

Achter een kopje thee op het ministerie van Binnenlandse Zaken zat de man die volgens Van Aartsen te laks was geweest toen op internet de websites volliepen met oproepen tot de jihad. Johan Remkes erkende ruiterlijk dat het Kamerdebat over de moord niet zijn finest hour was: 'Ik was aangeslagen, not amused over de toon die Jozias van Aartsen tegen me aansloeg. Zoiets is niet bevorderlijk voor je zelfverzekerdheid. En ik vroeg mezelf natuurlijk ook permanent af: is het bij de AIVD fout gegaan?'

Voor hem kwam de moord op Van Gogh niet als een verrassing, zei hij. Zo slaperig als Van Aartsen hem afschilderde was hij echt niet. 'Ik ben niet van de afdeling naïviteit. Dat het lot Theo zou treffen, wist niemand. Maar ik had *Submission* van tevoren gezien. Via de AIVD kwamen bij mij de rapporten binnen over de heftige reacties in de moslimwereld. Het is geen moment tussen mijn oren weg geweest.' Remkes kende Van Gogh zijdelings: 'Ik heb in het Amsterdamse VVD-circuit wel eens een glas bier met hem gedronken.'

Inmiddels had het kabinet consequenties getrokken. Elke woensdagochtend vergaderde nu het Bewindsliedenoverleg Terrorismebestrijding. De AIVD praatte Remkes en Donner dan bij over de actuele stand van zaken. Ook Tjibbe Joustra was daarbij aanwezig.

Remkes: 'Dat gaat dan bijvoorbeeld over de nieuwste trends op het terrein van rekrutering van terroristen. Eerst vond die in moskeeën plaats, nu in huiskamers, gevangenissen, buurt- en clubhuizen en op scholen. En via internet.'

De minister was niet gerust op de goede afloop. 'Ik denk dat in Nederland nog veel meer potentiële Mohammed B.'s rondlopen,' somberde hij. 'Van New York en Madrid kon je zeggen: dat is een internationaal netwerk. Maar inmiddels komt het gevaar van binnenuit. Ik maak me vooral zorgen over de zelfontbranders.'

Zelfontbranders?

'Ik bedoel individuen die in hun uppie op de slaapkamer bij hun ouders achter internet zitten te radicaliseren. En dat gebeurt allang niet meer alleen in de grote steden, maar ook in kleinere gemeenten waar je ze niet zou verwachten.' De les die hij had getrokken: 'De AIVD alleen kan dat gevaar niet keren. We moeten samenwerken met gemeenten, buurtregisseurs, woningbouwverenigingen. We moeten de haarvaten van de samenleving in.'

De haarvaten van de samenleving opzoeken – dat devies sprak minister Verdonk van Vreemdelingenzaken en Integratie ook aan. Ze deed niets liever. Als het maar even kon, zocht ze het hol van de leeuw op. Inburgeringscursussen voor imams, open dagen van zwarte scholen, bijeenkomsten van analfabetische vrouwen in achterstandswijken – je kon het zo gek niet verzinnen of Rita rukte uit. Bij die gelegenheden zei ze de moslims de waarheid.

'Ik was onlangs op een gemengde school in het midden van het land,' vertelde ze ons voorjaar 2005. 'Daar waren ze druk bezig met het onderwerp radicalisme. Er zaten veel Marokkaanse jongeren op die school. Ze zetten zich af tegen de samenleving, ze plaatsten zichzelf in een slachtofferrol. Het is altijd de schuld van een ander, de hele wereld is tegen ze. Die jongeren zeggen nou nooit eens: dat het tegenzit, ligt ook aan mij. Een van die jongens stond op en riep: "Nederland doet alles fout, we krijgen geen eerlijke kans, ze houden de deur voor ons dicht." De directeur van de school wees hem terecht. Hij zei: "Jij stond laatst wel voor de deur van de kantine meisjes lastig te vallen." Die jongen vatte dat meteen op als een discriminerende opmerking. Hij suggereerde dat de directeur dat alleen maar zei omdat hij uit Marokko kwam. Toen antwoordde de directeur: "Ik zeg dit niet omdat je Marokkaan bent, ik zeg het omdat je meisjes hebt lastiggevallen." Wat een boeiende confrontatie was dat!'

Verdonk pauzeerde even: 'Verbeter de wereld, begin bij jezelf – zo denk ik er ook over. Zo'n jongen is een schoolvoorbeeld van iemand die zich een slachtofferrol aanmeet. Veel Marokkanen doen dat.'

De Marokkaanse jongeren kwamen met hun ach-en-weegeroep over discriminatie en achterstelling op de arbeidsmarkt geen steek verder, vond de minister: 'Je kunt wel boos worden op de wereld, maar dat verandert niets aan je situatie. Het irriteert alleen maar. Na een tijdje gaat de deur inderdaad dicht.'

Problemen waren er om op te lossen, bij de pakken neerzitten had nog nooit iemand verder geholpen, handen heb je om ze te laten wapperen. Zo dacht Rita Verdonk. De waarschuwing van de AIVD dat je moest uitkijken moslimjongeren te kwetsen omdat ze dan alleen maar radicaliseerden, was aan haar niet besteed.

De moord op Van Gogh had haar 'totaal uit het lood geslagen'. Maar ze dacht geen moment: zal ik mijn toon nu eens matigen?

'De vraag is: waarom gebeurt zoiets als de moord op Van Gogh? Waarom zetten jongeren als Mohammed B. zich af tegen de Nederlandse samenleving? Waarom willen ze niet voldoen aan de eisen die in Nederland aan hen worden gesteld? Denken ze er te komen met alleen maar geklaag? De moord wordt nu gebruikt om te zeggen: sinds 2 november worden de moslims in Nederland gestigmatiseerd. Als ik voorbeelden noem waaruit blijkt dat het niet waar is, luisteren die jongeren niet.'

De klachten van de jongeren serieus nemen – zoals de Amsterdamse burgemeester Cohen voorstond – sprak haar niet aan.

'De tijd van kopjes thee drinken en elkaar lief in de ogen kijken is wat mij betreft voorbij. Als allochtonen op autochtonen afgeven, zeg ik er wat van. En andersom. Als ik een Nederlandse meneer hoor zeggen dat alle allochtonen het land uit moeten, zeg ik: "Hallo, waar gaat dit over?" Je moet de problemen benoemen, de zaken bespreekbaar maken. Niet pappen en nathouden.'

Makkelijker gezegd dan gedaan. Hoe overtuigde Verdonk Marokkanen en Turken die geen behoefte hadden aan haar lesjes Nederlandse normen en waarden?

'Moet u eens met me op werkbezoek gaan. Ik kom dan bij vrouwen die alles bij het oude willen laten. Ik zeg: gaat u vooral door met dat breien en borduren, dat doet u prachtig. Maar in Nederland verwachten we ook andere dingen van vrouwen. Ik stel vragen als: weet u wat zich afspeelt op de school van uw kind, waarom doet u niet iets in het vrijwilligerswerk, dat hebben we hard nodig. Zulke vrouwen schieten in de verdediging, maar ik praat dan door. Ik neem geen genoegen met argumenten als: daar heb ik geen tijd voor. Dat vind ik flauwekul. Bij elke moskee waar ik kom, weten ze nu dat ik ook met de vrouwen wil spreken. In het begin zag ik daar alleen maar mannen. Ze zijn er nu achter dat ze altijd de vrouwen moeten optrommelen als de minister komt. Dan vraag ik ook: Waarom zitten de vrouwen bij jullie eigenlijk achter schotten? Mogen ze soms niet gezien worden? Ik maak alles bespreekbaar.'

Verdonk vond dat mensen zich geen slachtofferrol moesten aanmeten. Maar Marokkanen en Turken werden toch gediscrimineerd – bijvoorbeeld op de arbeidsmarkt?

Wegwuivend gebaar: 'Ik heb een paar maanden geleden een oproep gedaan: kom met voorbeelden. Daar is nooit een reactie op gekomen. Ik ben er heus wel mee bezig. Ik zit met de werkgevers om de tafel. Binnenkort ga ik onherkenbaar vermomd een tripje langs discotheken maken om te kijken of allochtonen daar worden gediscrimineerd.'

Net als Remkes wilde ze de gemeenten, de buurtregisseurs en de woningbouwverenigingen inschakelen bij het opsporen van radicaliserende jongeren. Maar vooral de moslims zelf moesten daar hun steentje aan bijdragen, vond ze.

'We komen er alleen achter waar die radicaliserende jongeren zitten als hun omgeving beter op ze let. Als derden melden: het gaat niet goed met Mohammed, hij zit de hele dag achter zijn computer en dan ook nog eens op de verkeerde sites. Hij doet niet meer mee aan buurtactiviteiten. Hij isoleert zich. Die signalen moeten worden opgepikt door Mohammeds ouders, door zijn vrienden.'

Dacht ze dat die gingen klikken bij de overheid?

'Het zou het mooist zijn als er vertrouwenspersonen komen binnen de moslimgemeenschap. Als de omgeving iets verdachts bij iemand opmerkt, zien we graag dat dat bij zo'n contactpersoon wordt gemeld. Zulke signalen moeten worden doorgegeven.'

Brinkhorst vond dat je met gespierd taalgebruik alleen maar het risico liep de lont in het kruitvat te steken, Verdonk dat je niet duidelijk genoeg kon zijn. De minister van Integratie kon in Den Haag rekenen op steun uit onverwachte hoek: het CDA. De partij die altijd gezworen had bij de verzuiling, keerde z'n eigen gedachtegoed de rug toe nu het niet meer om zwarte-kousenchristenen op de Veluwe maar om moslims in de grote steden ging.

Voorjaar 2000 was het CDA als enige grote partij Paul Scheffer bijgevallen. Bij de verkiezingen van 2002 sloten de christendemocraten een pact met Fortuyn. Partij-ideologen als Ab Klink vielen de Duitse CDU bij: migranten moesten zich aanpassen aan de Europese Leitkultur. Maar niemand was zo bang voor de islam als fractievoorzitter Maxime Verhagen.

Tegen de zomer van 2005 zaten we op zijn gelambriseerde kamer met uitzicht op het Haagse Plein. Verhagen had een hectische week achter de rug: vlak voor het reces moesten met VVD en D66 nog compromissen over de arbeidsongeschiktheidswet, de kernenergie, de toekomst van de omroep en het rekeningrijden worden gesloten. En er was nog een probleem: de Nederlandse bevolking had in een referendum net massaal nee tegen de Europese grondwet gezegd. Wat moesten de politieke partijen daarmee aan? Daarover moest ook nodig worden gepraat.

De sigarenlucht van het nachtelijke beraad binnen de coalitie vulde nog steeds zijn kamer. Verhagen raakte niet uitgepraat over het angstvisioen dat hij had: China, India en Oost-Europa rukten op en dat ging ten koste van werkgelegenheid in Nederland. De autochtone bevolking hamerde op verworven rechten als VUT, prepensioen en vanaf je vijfenvijftigste met de caravan naar Portugal. Het Zwitserleven-gevoel dat zich van de oudere werknemers meester had gemaakt, bracht de overheid in grote problemen: wie moest op den duur de kosten van de verzorgingsstaat opbrengen? Daarbij kwam dat we volgens hem de verkeerde migranten aantrokken: niet de ambitieuze ICT'ers uit India stonden op de stoep, maar laagopgeleide allochtonen die geen werk kregen en hier hun hand kwamen ophouden. Alles bij elkaar maakte dat dat de sociale voorzieningen op een bepaald moment niet meer vielen op te brengen.

Het was niet alleen deze kosten-batenanalyse die Verhagen verontrustte. De CDA'er vond ook dat de gevolgen van de religieuze revival onder moslims zwaar onderschat werden.

Samen met Van Aartsen had hij na de aanslagen in Madrid gewaarschuwd dat zoiets ook in Amsterdam of Rotterdam kon gebeuren. Sindsdien was Verhagen pleitbezorger van een *weerbare democratie.* Moskeebesturen ontbinden, imams uitzetten, radicale moslims hun kiesrecht afnemen – in het landsbelang moest geen middel worden geschuwd. Bovendien was Verhagen niet alleen benauwd voor terroristische aanslagen. Even beangstigend vond hij de mogelijkheid dat moslims langs democratische weg hun sharia in Nederland zouden invoeren.

'De linkse partijen zeggen dat ik paniek zaai,' betoogde Verhagen. 'Maar ik zal hierop blijven hameren, ook al krijg ik er de handen niet voor op elkaar. Ik verzin het niet, de AIVD heeft in december 2004 de nota 'Van dawa tot jihad' uitgebracht. De dienst waarschuwt dat in de grote steden volledig geïslamiseerde wijken gaan ontstaan. Enclaves waar de sharia heerst. Het staat er allemaal in maar geen enkele politicus citeert dat rapport. Ik lijk wel de enige die het heeft gelezen.'

Vooral deelraden in de grote steden liepen gevaar in handen van de orthodoxe moslims te vallen. 'Ik vind dat je niet langer je kop daarvoor in het zand moet steken.'

Bij zijn weerbare democratie hoorde een 'veeleisend en verplichtend integratiebeleid': 'Onze normen en waarden zijn gebaseerd op het protestantisme, het katholicisme, het humanisme. Nu dient zich opeens een nieuwe culturele bron aan: de islam. We hebben er een miljoen inwoners bij gekregen die uit een totaal andere wereld komen – meestal uit niet-democratische landen. Je zult ervoor moeten zorgen dat er verbondenheid met de Nederlandse rechtsstaat komt. Als dat niet lukt, krijg je tweespalt in de samenleving die tot enorme ongelukken zal leiden.'

Hoe zag Nederland er over vijftien jaar uit als het niet lukte de brug te slaan?

'Ik zie een land voor me waarin Nederlanders en allochtonen tegenover elkaar komen te staan. Dan kun je niet meer van een samenleving spreken, dan heb je nog alleen botsende groepen. Je komt tegenover elkaar te staan en dat kan heel explosief worden. Kijk naar de Franse *banlieues,* daar is de situatie nu al onbeheersbaar.'

Immigranten moesten zich van de CDA'er onderwerpen aan een 'veeleisend en verplichtend integratiepakket'. Moest daar van Nederlandse kant geen gebaar tegenover staan – bijvoorbeeld een vrije dag om in de huiselijke kring het Suikerfeest te vieren?

Verhagen, met nadruk: 'Nee, nee. Dan verloochen je je eigen traditie. Hans Dijkstal heeft dat geroepen: ruil tweede pinksterdag voor het Suikerfeest in. Als geste in de richting van de miljoen moslims in Nederland. Zo van: jongens, jullie horen er helemaal bij. Dat doodknuffelen hebben we nou wel genoeg gedaan, vind ik. Als ik in Saoedi-Arabië ga wonen, krijg ik eerste pinksterdag ook niet vrij. Laat staan tweede pinksterdag. Tegen een nationale feestdag voor moslims zeg ik nee. Je hoeft niet te ontkennen dat we hier in Nederland leven.'

Aan het eind van het gesprek begon Maxime Verhagen opnieuw over het gevaar van sharia-enclaves: 'Je ziet het in Canada waar nu al sharia-rechtbanken bestaan. In Engeland kun je bij een echtscheiding ook voor zo'n rechtbank gedaagd worden. Ik zeg niet: Amsterdam-West of Lombok in Utrecht zijn nu al sharia-enclaves. Maar ik zeg wel: dit is de tendens, het is reëel, het is geen boze droom.'

## 33 Allah is je beste vriend

'We moeten samenwerken met gemeenten, buurtregisseurs, woningbouwverenigingen. We moeten de haarvaten van de samenleving in,' had Johan Remkes ons gezegd.

'Als de omgeving iets verdachts bij iemand opmerkt, zien we graag dat dat bij een contactpersoon wordt gemeld. Zulke signalen moeten worden doorgegeven,' voegde Rita Verdonk daaraan toe.

Najaar 2005 – een jaar na de moord op Van Gogh – trokken we opnieuw Amsterdam-West in. Voor gesprekken bij de stadsdeelraad De Baarsjes, de welzijnsinstelling Impuls, de afdeling leerplicht van het stadsdeel Osdorp, het buurtcentrum in de Jan Tooropstraat, de Marokkaanse Stichting Harmonieus Samenleven in Slotervaart. Daar wisten ze wat zich in de buurt afspeelde, dachten we.

Wat vonden ze in Amsterdam-West van de verantwoordelijkheid die de ministers hen in de maag splitsten? Wisten ze inmiddels hoe radicalisering van Marokkaanse jongeren moest worden voorkomen? Was de banlieue van Amsterdam wakker geschud of bleek de praktijk weerbarstiger te zijn dan ze in Den Haag hoopten? Tintelde het al een beetje in de haarvaten van de samenleving?

Bij buurtcentrum Eigenwijks had coördinator Dick Glastra van Loon slecht nieuws voor Remkes en Verdonk. In Overtoomse Veld was na de moord geen gesloten front tegen het terrorisme ontstaan, vertelde hij. Integendeel: autochtonen en allochtonen waren door de gebeurtenissen eerder uit elkaar gegroeid.

'Iedereen voelde zich op de moord aangekeken. Mensen schaamden zich ervoor dat ze in deze buurt woonden.'

Rassenrellen waren gelukkig uitgebleven maar: 'Als vijf bebaarde Marokkaanse mannen op het August Allebéplein nu op harde toon met elkaar staan te praten, denken de Nederlanders: die zijn een aanslag aan het voorbereiden. De Marokkaanse en Turkse vrouwen met wie we als buurtcentrum contact hebben klagen erover dat ze door de Nederlanders worden gemeden.'

De Surinaamse Fatimazohra Hadjar, die vanwege Mohammed B. haar hoofddoek had afgelegd, was somber gestemd over de verhoudingen in de buurt: 'Alles zit weer potdicht. De moskee op de Postjesweg stelde zich vroeger heel open op, nu niet meer. Ik gaf er taallessen aan vrouwen, ik deed er allerlei klusjes. Ik hielp ze met de administratie. Maar na 2 november ben ik met ze in conflict gekomen. Veel buurtbewoners zijn in hun schulp gekropen. Je merkt dat de vrouwen hun huis niet meer uitkomen.'

Leerplichtambtenaar Leny Mulder van het stadsdeel Osdorp had het gevoel dat 'de verharding was toegenomen': 'De blanken in de buurt riepen na de moord dat ze genoeg hadden van de zwarten. De zwarten waren bang voor de reactie van de blanken. Maar ze praatten niet meer met elkaar.'

Meteen na 2 november kreeg de deelraad Osdorp ook een brief van Cohen. Daarin stond dat alle bestuurders, ambtenaren, hulpverleners en jeugdwerkers hun ogen en oren open moesten houden. Als vreemde figuren in de buurt werden gesignaleerd of groepen jongens samenschoolden, moest dat worden gemeld. Politiepatrouilles werden opgevoerd, de ambtenaren moesten vaker op huisbezoek. Een tijd lang werd in het stadsdeelkantoor elke week terrorismeberaad gehouden. Iedereen die met de veiligheid in Osdorp te maken had zat dan om de tafel. Inmiddels was de waakzaamheid verslapt.

'De rust in de buurt is teruggekeerd,' zei Leny Mulder. 'We zijn nu weer bezig met alledaagse problemen als spijbelaars, hangjongeren en gezinnen die met geldzorgen kampen.'

'Je was jarenlang bang dat zoiets als de moord op Van Gogh zou gebeuren. Je voelde de dreiging. Je probeerde het te voorkomen. En toch gebeurde het.' Aan het woord: PvdA'er Henk van Waveren, op dat moment voorzitter van het stadsdeel De Baarsjes. Een ander soort buurt dan Overtoomse Veld, waar Mohammed B. vandaan kwam. Dichter bij de grachtengordel. Minder uitgestrekt. Minder eenzijdig samengesteld (naast allochtonen wonen er ook veel yuppen). Maar ook De Baarsjes had zijn eigen multiculturele dramaatjes beleefd: rellen op het Mercatorplein, de Marokkaan Driss Arbib die door de politie was doodgeschoten, synagogegangers die met stenen werden bekogeld en natuurlijk de jarenlange strijd om de bouw van de Ayasofya-moskee. Bijzonder aan De Baarsjes was dat ze de eerste buurt in Amsterdam-West waren waar de etnische spanningen bij de naam werden genoemd.

'We hadden al lang in de gaten dat een groep jonge moslims zich steeds meer ging afzetten tegen de Nederlandse samenleving,' vertelde Van Waveren. 'Hun onderlinge groepsgevoel werd sterker. Gezinnen raakten meer in zichzelf opgesloten. Als bestuurder gaf dat een verwarrend gevoel. Je wist dat er iets speelde, maar het was zo ongrijpbaar.'

Van Waverens partijgenoot Hans Luiten, najaar 2005 stadsdeelvoorzitter van de belendende buurt Bos en Lommer, proefde ook al jaren bitterheid om zich heen. 'Je merkte dat allochtone jongeren niet meer wisten waar ze thuis waren. Sommigen van hen namen een nieuwe identiteit aan. Die zeiden: ik ben voortaan in de eerste plaats moslim. Ze voelden zich niet meer verbonden met de buurt.'

Neem Mohammed Fahmi B., alias Abu Mussab, de tegelzetter die door de politie werd gearresteerd omdat hij explosieven in zijn badkuip bewaarde. Of Samir A., de ijverige tekenaar van plattegronden van het Binnenhof die tussen zijn vele arrestaties door bij zijn moeder in Bos en Lommer woonde.

Een onbestemd gevoel. Allochtone jongeren die geen band meer met hun buurt hadden. Van Waveren en Luiten waren niet de enigen die zich daar zorgen over maakten. Stadsdeel Slotervaart (waartoe ook het getto van Overtoomse Veld behoorde) kende zijn eigen Cassandra: oud-VVD-wethouder Onno Peer.

In de deelraadsvergadering die aan de moord op Van Gogh was gewijd, merkte hij op dat te lang was gedacht dat het radicalisme onder de moslimjongeren wel over zou waaien. De liberaal herinnerde aan de rellen van 1998 op het August Allebéplein. Een onschuldig ogend incident (een prullenbak die in brand was gestoken) leidde toen tot een ware veldslag tussen de politie en opstandige Marokkaanse jochies. Bestuurders van PvdA en CDA hadden sindsdien hun kop in het zand gestoken, zei Peer tijdens de vergadering: 'Er is sprake van een groot probleem in Nederland dat niet vanzelf weggaat.'

In zijn doorzonwoning vlak bij de Sloterplas – niet iedereen in West woont in troosteloze portiekflats – lichtte

Peer zijn weerzin tegen het politiek correcte denken in de stadsdeel toe: 'In 1998 zijn we ons doodgeschrokken van de rellen op het Allebéplein. Er is toen ook echt werk van gemaakt. Het dagelijks bestuur – waar ik toen nog in zat – vond: veiligheid en integratie zijn dé issues. Maar op een bepaald moment verdween het gevoel van urgentie. De buurtvaders in Overtoomse Veld wonnen de Hein Roethofprijs, er werd veel aan welzijnswerk gedaan, het dagelijks bestuur was zo trots als een pauw. Achteraf denk ik: de rellen van 1998 waren nog maar een voorbode. Dat hebben we in Slotervaart niet voldoende beseft.'

Ton Smakman, de politieman die alle Marokkaanse jongetjes persoonlijk kende: 'Toen ik in 1998 in Overtoomse Veld begon, schrok ik van de auto's die werden opengebroken. Een motor lag uitgebrand op straat zonder dat iemand de politie belde. Je voelde de vijandigheid onder de jeugd. Maar pas veel later realiseerde ik me dat hun onvrede tot fundamentalisme zou kunnen leiden. Toen werd me het grotere verband duidelijk.'

Oud-GroenLinks-Kamerlid Peter Lankhorst werd in 1998 gevraagd de balans op te maken. Hij kwam met zesenvijftig aanbevelingen om de situatie in West te verbeteren – van meer jeugdhonken tot cursussen Nederlands voor de ouders. In zijn appartement met uitzicht op het Lambertus Zijlplein – dé plek in Geuzenveld om groente en fruit, stof voor een nieuwe djellaba en geschriften als 'De weg van de moslim' aan te schaffen – gaf de oud-parlementariër toe dat hij de toestand toen had onderschat. Het ging niet alleen om wat baldadige jochies die overlast veroorzaakten. Want daarna kregen autochtonen en allochtonen steeds minder contact met elkaar en omhelsde een groeiende groep moslims het fundamentalisme.

'De bestuurders moeten hier echt bovenop zitten,' zei Lankhorst (die tussen de bedrijven door ook nog wethouder van Bos en Lommer was geweest). 'De meeste zorgen maak ik me over de buurtbewoners die nergens aan meedoen, die onzichtbaar blijven. Die misschien wel bezig zijn te radicaliseren. Haal ze uit de anonimiteit! Trek ze erbij! Dat hebben we te veel laten lopen.'

Veel bestuurders en hulpverleners die we in West tegenkwamen, hadden het gevoel dat ze een loden last op hun schouder droegen. In de tuinsteden wemelde het werkelijk van de projectleiders, buurtconciërges, balansondersteuners, sociale raadslieden, activeringswerkers en bewonersbegeleiders. Er waren klankbordgroepen en inloopspreekuren. Alle problemen die de buurt teisterden (de zwakke sociaaleconomische positie van de bevolking, het lage opleidingsniveau) werden nauwgezet in kaart gebracht. Net als de problemen die in de toekomst nog op de wijk zouden afkomen. Zoals de vergrijzende eenzame allochtone man en de zich emanciperende gescheiden Marokkaanse vrouw.

De projectleiders en consulenten werkten zich te pletter. Maar hielp het tegen de radicalisering?

Dick Glastra van Loon vreesde van niet: 'Ik heb veel contact met Marokkaanse jongeren en ze vertellen allemaal hetzelfde verhaal. Het is hier makkelijker om te radicaliseren dan wanneer je in Wassenaar bent opgegroeid. Waar kom je in terecht? Je vader is werkloos, je woont in een goedkoop huurhuis. Zelfs als je een goede opleiding hebt genoten, stoot je de neus bij de werkgevers. Daar word je chagrijnig van, je voelt je een sukkel. Je raakt in jezelf teleurgesteld. Als er dan een goedgebekte imam langskomt die je een nieuwe identiteit belooft, is het verleidelijk om toe te happen.'

Daarmee wilde hij niet zeggen dat de sociaaleconomische achterstelling één groot complot van de autochtonen was. Daarvoor maakte hij het te vaak mee dat moslims de Nederlanders buitensloten. De drijvende kracht achter Eigenwijks: 'Je ziet soms vooruitgang. Op een sportveldje in de buurt verhinderden Marokkaanse jongetjes een tijd lang dat blonde of roodharige buurtgenootjes mee kwamen voetballen. Een van de vaders intervenieerde en nu bellen de Marokkanen uit zichzelf of de Nederlanders mee komen spelen. Daar staat het verhaal van mijn zoontje tegenover. Een Marokkaans jongetje zei: jij bent mijn vriendje. Zijn moeder corrigeerde hem meteen. Ze zei: je hebt maar een vriend en dat is Allah.'

Mohammed Taimounti was als oprichter en voorzitter van de Stichting Harmonieus Samenleven een sleutelfiguur in West. In 2003 ontving hij uit handen van wethouder Aboutaleb de Amsterdamse Vrijwilligers Prijs. Zijn zoon was in Slotervaart deelraadslid voor het CDA. Ondanks zijn gevestigde reputatie voelde Taimounti zich als moslim vernederd en buitengesloten.

Vrijdagavond om kwart voor negen lag Slotervaart er uitgestorven bij. We troffen Taimounti op straat aan, samen met zijn vrouw en dochter. We zouden om halfnegen bij hem zijn, maar konden het adres niet meteen vinden. Taimounti reageerde beledigd: 'Te laat is te laat.' Hij wilde ons niet meer ontvangen. Zijn vrouw praatte op hem in en daarna mochten we toch mee naar een vestiging van de Stichting Harmonieus Samenleven.

Op de eerste verdieping waren mannen diep verzonken in het gebed. Geen vrouwen, die kwamen op een ander tijdstip. In het lokaaltje naast de gebedsruimte serveerde Taimounti koffie en cake.

'Er zijn geen stages voor onze jongeren,' verzuchtte hij. 'Er is geen werk.' Neem zijn dochter, lerares Frans, die geen baan kon krijgen op de middelbare school waar ze vroeger zelf op zat. Ze mocht stage komen lopen maar een vaste baan werd haar niet gegund. Taimounti was ervan overtuigd dat dat was omdat ze een hoofddoek droeg. Nu moest ze noodgedwongen lesgeven op een islamitisch college. Kwetsend noemde Taimounti de gang van zaken: 'Ik begrijp er echt niets van, die middelbare school kent mijn dochter, ze is toch geen ander mens geworden omdat ze een hoofddoek draagt?'

Remkes, Donner en Verdonk maakten zijns inziens veel te veel poeha over de terroristische dreiging die zou bestaan. Al die beveiligingsmaatregelen voor Hirsi Ali en Wilders, waren die niet wat overdreven? Taimounti sprak van een 'afleidingsmanoeuvre'. De regering wilde het gewoon niet hebben over de slecht draaiende economie en de grote schulden die de mensen in zijn achterban maakten. Nederland moest zijn plicht vervullen, vond hij: 'Geef onze jongeren stages, geef ze werk. Dan zou het probleem van het terrorisme zo verdwijnen. Maar dat gebeurt niet.'

## 34 Boerka's en naveltruitjes

Marokkaanse jongens die achter een radicale imam aanliepen omdat ze geen stageplaats kregen, blonde jongetjes die van hun Marokkaanse buurtgenootjes niet mee mochten voetballen, moslimvoormannen die ervan overtuigd waren dat de anti-terreurmaatregelen tegen hun geloof gericht waren. Stadsdeelbestuurders als Van Waveren en Luiten begrepen dat zij ervoor moesten zorgen dat de zaak niet verder escaleerde. Maar hemel, wat was het probleem groot! Waar moesten ze beginnen?

Het stadsdeel dat het devies van Lankhorst (zit er bovenop, trek ze erbij!) het meest ter harte nam, was De Baarsjes. Van Waveren en zijn medebestuurders gingen op huis-aan-huisbezoek in de Van Speijkstraat en de Orteliusstraat. De Buurt Betrokken Bewoners (BBB'ers) ontfermden zich over jongeren die overlast veroorzaakten. Het MAJO-voetbaltoernooi (Marokkanen kwamen uit tegen joden) groeide uit tot een Urban Dance-festijn. Op het Balboaplein werden dj's, rappers en buikdanseressen uitgenodigd. Turkse en joodse hapjes waren ruim voorradig. Alleen werd er geen alcohol geschonken.

De Baarsjes was ook de enige buurt die een 'contract met de samenleving' had afgesloten. Onderdeel daarvan vormde dat moskeeën radicale jongeren aanspraken op hun gedrag en – in laatste instantie – die informatie doorspeelden aan de autoriteiten. In 2005 was dat contract overigens nog alleen door de Turkse Ayasofya-moskee getekend. De Marokkaanse Nour-moskee en de Pakistaanse Ghousia Mashid aarzelden.

In ruil voor het convenant werd een Meldpunt moslimdiscriminatie ingesteld. Het joodse CIDI adviseerde de islamieten hoe je zoiets moest opzetten.

In andere stadsdelen lag de doortastende benadering van De Baarsjes controversieel. Dick Glastra van Loon noemde afspraken met de moskeeën om radicale jongeren in de gaten te houden 'bevoogdend' en 'levensgevaarlijk': 'In De Baarsjes stellen ze de hele moslimgemeenschap verantwoordelijk voor de daden van een enkeling. Daar moet je voorzichtig mee zijn.'

Hans Luiten (Bos en Lommer) koesterde bewondering voor zijn partijgenoot Van Waveren.

'Maar ik doe het zelf anders. Ik wil de discussie aanzwengelen. Mensen moeten van mijn argumenten overtuigd raken. Ik zeg tegen de Marokkaanse jongeren dat ze de macht over moeten nemen binnen de moskee. Dat het goed is als daar niet alleen ouderen in zitten. De moslimgemeenschap per contract verplichten radicalen aan te geven, gaat me te ver.'

In Slotervaart snakte VVD-deelraadslid Onno Peer juist naar de daadkracht die De Baarsjes tentoonspreidde. In zijn eigen stadsdeel ontbrak het daaraan, meende hij. Daar zaten de bestuurders en ambtenaren over nota's gebogen in plaats van de straat op te gaan.

'De reactie op 2 november was: dit is niet het probleem van ons stadsdeel. Mohammed B. had ook uit Purmerend kunnen komen in plaats van uit Overtoomse Veld. Wij kunnen er niets aan doen. Ze beseffen niet dat Mohammed door de situatie hier zo is geworden.'

Wie hield er eigenlijk contact met de jongeren die het gevaar liepen te radicaliseren?

'Als bestuurder heb je contact met de sleutelfiguren uit de Marokkaanse gemeenschap,' zei Peer. 'Maar niet met de mensen zelf.' Het VVD-raadslid gaf toe dat hij geen uitzondering op die regel vormde.

'Ik heb totaal geen contact met die mensen. Ze hebben zich op hun eigen grondgebied teruggetrokken. Ze voelen zich afgewezen maar ondernemen ook weinig om in de Nederlandse samenleving te integreren. Ik spreek de etterbakjes op het August Allebéplein wel eens aan maar ik kom niet bij ze over de vloer. Ik weet niet wat het op zou leveren. Die afweging moet je als politicus maken.'

'Ik ben wél een haarvat,' zei Henk van Waveren op de voorzitterskamer van het stadsdeel De Baarsjes. 'Ik heb het gevoel dat ik weet wat zich in de buurt afspeelt. Het aantal lange gewaden dat toeneemt, de islamisering die steeds zichtbaarder wordt, niets ontgaat me. Wij hebben in dit stadsdeel de richtlijn dat ambtenaren de deur uit moeten. Rapporten hoeven ze van mij niet te schrijven. Waarom zou je dat doen als het nieuws op straat ligt?'

Dick Glastra van Loon van Eigenwijks vond dat Den Haag buurtwerkers als hij niet met het bestrijden van de radicalisering mochten opzadelen. Dat was de taak van de AIVD en de politie. Bovendien: 'Denk je soms dat jongens die echt iets van plan zijn mij in de armen vallen om te vertellen wat ze gaan doen? Met dat soort jongens zal ik nooit contact krijgen, ze kijken wel uit.'

Van Waveren van De Baarsjes zag dat anders. Hij voelde zich geen verlengstuk van justitie, zei hij. Maar: 'Op de Willem de Zwijgerlaan was opeens een winkeltje geopend dat fundamentalistische boeken verkocht. Ik ben er met twee ambtenaren op af gegaan. Ik heb tegen de verkoopster gezegd: weet u wat hierin staat, kunnen we daarover op het stadskantoor praten? Kunnen we het meteen hebben over de vergunning die u heeft aangevraagd om een dag extra open te zijn? Ze kwam niet opdagen. Sterker nog: de boekwinkel was plotseling verdwenen. Daarvan heb ik melding gedaan bij de politie.'

Luiten van Bos en Lommer wilde geen antwoord geven op de vraag of hij zoiets bij de politie zou melden. Hij verwachtte het meest van de dialoog die hij met de moslimjongeren in de buurt voerde. Makkelijk was het niet.

'Ik houd elke week spreekuur. Laatst hield een jongen een tranentrekkend verhaal. Hij kon geen werk krijgen, de instanties zaten hem dwars. Hij berustte daarin, het leek alsof hij afscheid van het leven wilde nemen. Het enige waar hij nog perspectief in zag was vertrekken naar Pakistan. Toen werd het me koud om het hart.'

Hoopgevend teken noemde Luiten dat de derde generatie onderling met elkaar in debat was geraakt.

'Je ziet hier steeds meer boerka's op straat maar ook meer Marokkaanse meisjes in naveltruitjes. Ze gaan met elkaar in discussie. Er is een groeiende groep actieve jonge moslims in de buurt. Die beschouw ik als mijn verdedigingslinie tegen het radicalisme. Dat werkt beter dan welk AIVD-rapport ook.'

Sinds kort woonde Abdul-Jabbar van de Ven in Bos en Lommer. De reizende prediker, die nationaal bekendheid verwierf met de uitspraak dat hij het niet zou betreuren als Geert Wilders vroegtijdig kwam te overlijden, was bij zijn vierde vrouw ingetrokken. Van de Ven gaf lezingen in de buurt, voor volle zalen. Luiten: 'Hij spreekt vooral de laagopgeleiden aan. Die zitten ademloos naar hem te luisteren.

Zulke jongeren voelen zich alleen. Ze hebben weinig contact met hun vader en moeder, de moskeebestuurders zijn vaak te oud. Ze zijn op zoek naar rust en sereniteit. Die vinden ze bij Van de Ven. Een jongen zei me over zijn lezingen: ik word er zo rustig van.'

Vlak voor de zomer van 2005 voerde de prediker het woord in een buurthuis in Bos en Lommer. Onderwerp: is geweld binnen de islam toegestaan? Omdat het om een openbare bijeenkomst ging, zag Luiten het maar door de vingers. Moeilijker had hij het met de fundamentalistische huiskamerbijeenkomsten waarvan hij wist dat ze ook in de buurt werden gehouden. Ging de stadsdeelvoorzitter daarnaartoe?

'Dat zie ik mezelf niet doen,' antwoordde Luiten. 'Moet ik daar zeggen: jij bent van de Takfir-beweging, vertel het allemaal maar eens aan pappa Hans?'

Soms zag hij de toekomst zonnig in: 'Er zijn lezingen met meiden die helemaal in het zwart gekleed gaan, ze geven me ook geen hand. Toch wordt er dan gesproken over hulpverlening bij incest, groepsverkrachting, abortus. Een meisje uit de buurt is volgeling van een sjeik in Bahrein, maar ze is heel feministisch. Ze wil een gelijke positie voor de vrouwen binnen de islam. Mensen die orthodox gekleed gaan, zijn lang niet altijd fundamentalistisch. Was het maar zo simpel. Ze doen me soms nog het meest denken aan een EO-familiedag.'

## 35 Geen zoete broodjes

In Bos en Lommer was de voormalige gereformeerde Pniëlkerk tot een hip multicultureel centrum verbouwd: Podium Mozaïek. Op een zondagmiddag in oktober 2005 organiseerde de religieuze jongerengroepering 'Islaam-aangenaam' in het pand dat in de buurt 'Het Theelichtje' werd genoemd een ramadanfestival. Stadsdeelvoorzitter Hans Luiten, die tijdens de ramadan van de ene discussiebijeenkomst naar de andere rende, wenste na het openingsgebed de aanwezigen een welgemeend 'Salum Aleikum'. De PvdA'er vertelde hoe graag hij met zijn vrouw door het Midden-Oosten reisde en hoeveel hij van de Arabische cultuur hield. Daarna was er een Lagerhuisdebat onder leiding van journaliste Samira Abbos. Alle vragen die de vrome jongeren bezighielden, kwamen aan de orde: moesten imams een verbod uitvaardigen op het bezoeken van radicale internetsites, mocht de overheid de moskeeën dwingen deel te nemen aan de Nederlandse samenleving?

Dit was wat Luiten bedoelde met de dialoog die tussen de boerka's en de naveltruitjes moest worden gevoerd. Die ramadan leek heel Amsterdam in één groot debatcentrum veranderd.

In multicultureel jongerencentrum Argan aan de Overtoom werd toen de avond viel met zijn allen gegeten aan de ronde tafeltjes die stonden opgesteld. In het stampvolle zaaltje vond een discussie plaats over het thema: wat dragen het islamitisch onderwijs en de islamitische opvoeding bij aan de westerse samenleving? Mohammed Cheppih van de Moslim Wereld Liga had zijn dochtertje bij zich. Cheppih woonde de helft van het jaar in Nederland, de rest bracht hij in de Verenigde Emiraten door. Hij praatte zachtjes, bijna fluisterend, over de correcte interpretatie van de Koran. Het publiek hing aan zijn lippen. GroenLinks-gemeenteraadslid Judith Sargentina deed haar best de moslimjongeren ervan te overtuigen dat vaders hun dochter niet mochten verbieden om 's avonds het huis uit te gaan. Twee meisjes met hoofddoek attaqueerden haar fel. Vaders verboden dat soort dingen alleen omdat het beter voor hun dochters was.

Op dat moment kwam een bebaarde man in een geel windjack binnen. Hij eiste opgewonden het woord. De man was woedend op alles en iedereen. Mohammed B. was in zijn ogen een goede moslim. Natuurlijk had hij er goed aan gedaan Theo van Gogh te vermoorden.

Kalm en rustig intervenieerde Cheppih: dit stond haaks op zijn interpretatie van de Koran. Even later sloegen de twee elkaar met soera's om de oren. De zaal liet zich niet onbetuigd: de een vond het een schande om de moord op Van Gogh te verdedigen, de ander riep dat de man in het gele jack toch zijn mening mocht geven. Na afloop werd de man buiten op de Overtoom omringd door leeftijdgenoten die hem ervan probeerden te overtuigen dat hij op de verkeerde weg was.

Half december werd de debattenreeks in Argan feestelijk afgesloten. De afgelopen maanden waren er harde en open gesprekken gevoerd – zonder taboes. Zelfs het gerucht dat 11 september door de joden was veroorzaakt, was ter tafel gekomen. Niet omdat het per se waar was maar omdat veel mensen in West dat geloofden.

Burgemeester Cohen, voor de gelegenheid in vrijetijdskleding, stak de jongeren een hart onder de riem. Jullie zijn onze toekomst, onze hoop, zei hij. Jullie zijn de toekomst van deze stad en dit land.

De burgemeester citeerde de profeet Mohammed die de vrede predikte toen hem geweld werd aangedaan. Een heldhaftige houding die precies strookte met een van de drie wapenspreuken die Amsterdam na de Tweede Wereldoorlog van koningin Wilhelmina mocht gaan dragen: vastberaden, heldhaftig en barmhartig.

Nadat de burgemeester was vertrokken, werd de avond echt gezellig: met hapjes, iedereen kletste en flirtte.

Bij het stadsdebat in Amersfoort in januari 2006 waren het de moslims die de discussie aanzwengelden, niet de autochtone Nederlanders. De autochtonen in de raadszaal van het nieuwe stadhuis leken zo weggelopen uit de politiek correcte jaren zeventig: stuk voor stuk schaamden ze zich ervoor dat Nederland de minderheden had gediscrimineerd.

Wethouder Mirjam van 't Veld van Integratie benadrukte het belang van 'het met elkaar in gesprek zijn', een Nederlandse man riep dat het tijd werd dat de *autochtonen* gingen integreren. Toen het instemmend gemompel vanuit de zaal was verstomd, vroeg iemand anders wie van de aanwezigen wel eens een buitenlander op zijn verjaardag had uitgenodigd. Twee Amersfoorters staken verlegen hun hand op.

'Laten we etnisch gemengde kookclubjes beginnen,' stelde een in lichtblauwe trui geklede vrouw voor. Ook werd een multicultureel bezoek aan de kaasmarkt geopperd.

Het waren de allochtonen die geen zoete broodjes wilden bakken.

Nur Hamurcu, woordvoerder van de Turkse Rahman-moskee: 'Ik begrijp best dat Nederlanders bang voor moslims zijn. Al die beelden van aanslagen die uit naam van de islam worden gepleegd, gaan je niet in je koude kleren zitten.'

'Integratie begint bij jezelf,' viel de bebaarde Abdelkarim Elkarti van de Marokkaanse El Fath-moskee hem bij: 'Te veel Marokkanen spreken slecht Nederlands. Terwijl Mohammed, onze profeet, vrede zij met hem heeft gezegd dat je de taal moet leren van het land waar je woont.'

De moslims moesten het heft in handen nemen, vond hij: 'En niet de media de schuld geven. Wij moeten uitleggen waarom we een baard dragen of een djellaba.'

De autochtonen namen een pijnlijk stilzwijgen in acht. Met dit soort opmerkingen wisten ze zich geen raad.

Toen nam Ismail Taspinar het woord, een van de broers die begin jaren negentig in Amersfoort de Milli Görüs-beweging oprichtte.

'Ik ben het helemaal met Elkarti eens,' sprak hij plechtig. 'De moslims moeten de niet-moslims in hun leven toelaten, dat is een religieuze plicht. Stel dat alle moslims die plicht na 11 september waren nagekomen, dan waren we nu niet zo bang voor elkaar geweest.'

Goed gezegd van Taspinar. Feit was helaas dat iedereen ondertussen wel bang voor elkaar was. En in de loop van 2006 nam die angst bepaald niet af.

## 36 De globalisering van de islam

'Islam heeft in Nederland een heel slecht imago,' meldden de GPD-bladen in het voorjaar. Volgens een enquête die de kranten hadden laten houden kon de helft van de Nederlanders islamofoob worden genoemd. De betreffende respondenten noemden de moslimreligie onverenigbaar met het moderne leven in Europa. Dat geloof stond voor oorlog en droeg niets waardevols bij tot de Nederlandse cultuur. Het beledigen van de profeet moest kunnen. Veel ondervaagden vonden Nederlanders intelligenter dan allochtonen.

*De Volkskrant* bracht naar buiten dat veertig procent van de Marokkaanse jongeren de westerse waarden en democratie afwees. De meerderheid van die jongeren was tegen het recht op vrije meningsuiting als het ging om kwetsende uitspraken over de islam. Zes tot zeven procent was bereid de islam met geweld te verdedigen.

Genuanceerder maar niet minder verontrustend was een rapport dat het Sociaal en Cultureel Planbureau een jaar eerder had uitgebracht. In 'Uit elkaars buurt' werd geconstateerd dat de tweede en derde generatie migranten minder met Nederlanders omging dan hun ouders in plaats van meer. Dat gold vooral voor Turken en Marokkanen. De autochtonen hielden de allochtonen op afstand. Maar andersom ook.

Het jaar 2006 wekte niet de indruk dat daar verandering in zou komen. De internationale ontwikkelingen gooiden alleen maar olie op het vuur. De oorlog in Afghanistan – begonnen na de aanslag op de Twin Towers – was inmiddels aan zijn eerste lustrum toe. De Amerikaanse en Britse troepen hadden gezelschap gekregen van Turken, Duitsers, Canadezen, Fransen, Italianen en Nederlanders. De aanhangers van het weggejaagde Taliban-bewind vielen in het zuiden van het land de buitenlandse troepen aan.

Grimmig was ook de situatie in Irak. In mei gaven George W. Bush en Tony Blair toe dat ze bij het begin van de oorlog een taxatiefoutje hadden gemaakt: Saddam Hoessein bleek bij nader inzien niet de beschikking over massavernietigingswapens te hebben gehad. Maar de westerse troepen konden zich ook niet meer veroorloven zich uit het tweestromenland terug te trekken. Anders werd de chaos nog groter. Voor jihadisten was Irak *the place to be* geworden: studenten aan islamitische madrassas in Pakistan en radicale jongeren uit de banlieue van Parijs lieten zich gewillig rekruteren voor de strijd tegen het westerse imperialisme.

Escalerend werkte ook de verkiezingsuitslag in de Palestijnse gebieden begin dat jaar. De fundamentalisten van de Hamas behaalden een klinkklare overwinning op de volgelingen van de overleden leider Arafat. Daarmee was de kans op vrede in het Midden-Oosten voorlopig verkeken.

Nieuwe ster aan het firmament was de Iraanse president Mahmoud Ahmadinejad die van zijn land een kernmacht wilde maken en vond dat de joodse staat van de kaart moest worden geveegd. Om hem voor te zijn viel Israël aan het begin van de zomer de Gazastrook en Libanon binnen. De regering in Jeruzalem wilde de milities van Hamas en

Hezbollah alvast een kopje kleiner maken. De hele moslimwereld protesteerde – van Maleisië tot Egypte. Bij een door veel Marokkaanse jongeren bijgewoonde anti-Israëldemonstratie in Amsterdam waren teksten te lezen als: 'Joden, het leger van de profeet Mohammed is in opmars!'

Nederland bleef de rest van de wereld ook in 2006 verbazen. De vroeger om hun tolerantie en open houding geprezen Hollanders leken veel zwaarder aan de 'globalisering van de islam' te tillen dan de Fransen, de Britten en de Duitsers.

Verrast werd begin dit jaar gereageerd op een speciaal vervaardigde dvd die migranten in spe alvast konden bekijken ter voorbereiding op hun inburgeringsexamen. Behalve de traditionele molens en tulpenbollen waren ook beelden te zien van vrouwen die topless aan het Noordzeestrand lagen te zonnen en van net getrouwde homo's die elkaar zoenen. Het gaf commotie in moslimlanden waar zulke filmpjes als *not done* werden beschouwd. Helemaal onbegrijpelijk vonden ze in den vreemde het conflict dat half mei tussen de gezworen vriendinnen Rita Verdonk en Ayaan Hirsi Ali uitbrak. Op donderdag 11 mei onthulde het televisieprogramma *Zembla* dat Hirsi Ali bij haar binnenkomst in Nederland de Immigratie- en Naturalisatiedienst onjuiste informatie had verstrekt. Zo heette ze niet Hirsi Ali maar Hirsi Magan en klopte ook haar geboortedatum niet.

Verdonk stelde een onderzoek in het vooruitzicht en kon achtenveertig uur later al meedelen dat de 'zwarte parel van de VVD' nooit de Nederlandse nationaliteit had bezeten. De volgende dag vertrok Hirsi Ali uit de Tweede Kamer. Ze ging haar carrière voortzetten in Washington. Dit keer was het niet 'je bent voor of tegen de multiculturele samenleving' of 'je bent rechts of links' maar je bent voor Ayaan of je bent voor Rita.

Adhesie aan het besluit van de minister kon worden betuigd op de website 'steunverdonk.nl'. Daar waren reacties te lezen als 'Je bent goed bezig, Rita', 'Rita moet premier worden' en 'Ga zo door Rita, toppie!'

De redenering van de supporters: regels waren regels en daar moest ook de hand aan worden gehouden als het om een Bekende Nederlander ging. Vaak werd opgemerkt dat Verdonk sinds 'Pimmie' de eerste was die de rug recht durfde te houden tegen Kamerleden die allemaal 'leugenaars' en 'zakkenvullers' waren. Maar de steun voor de minister kwam ook uit andere hoek: de moslimorganisaties die haar als het om de inburgering ging altijd een hardvochtig beleid verweten. Nu waren ze blij dat Verdonk doorpakte. De film *Submission* en de uitspraak van Hirsi Ali dat de profeet een perverse man was, stonden nog in het geheugen gegrift. De moslims waren de Somalische liever kwijt dan rijk.

Heel anders reageerde het Haagse establishment. Op het Binnenhof werd er schande van gesproken dat een vrouw als Hirsi Ali die zoveel had meegemaakt (met de dood bedreigd, ondergedoken gezeten) en zoveel had betekend (het debat over eerwraak en vrouwenmishandeling op gang gebracht) nu in de ban werd gedaan. Natuurlijk: ze had niet tegen de IND mogen liegen maar dat rechtvaardigde nog niet de botte behandeling die haar van de kant van Verdonk ten deel viel. En waarom moest het allemaal zo snel? Vrijwel de hele Kamer viel over de minister van Vreemdelingenzaken heen – inclusief haar partijgenoten van de VVD.

Anderhalve maand later kwam Verdonk met de mededeling dat Hirsi Ali bij nader inzien toch als Nederlandse moest worden beschouwd. Ze mocht haar paspoort houden. Wel bleek de oud-VVD-parlementariër onder druk te zijn gezet om de minister excuses aan te bieden. Met haar uitlatingen in *Zembla* had ze Verdonk op het verkeerde been gezet. De omgekeerde wereld, vonden de oppositiepartijen in de Kamer en coalitiepartner D66. De Democraten trokken hun steun aan Verdonk in. Wat leidde tot de val van het tweede kabinet-Balkenende. CDA en VVD regeerden door – in afwachting van vervroegde verkiezingen op 22 november.

De buitenlandse pers begreep ondertussen helemaal niets meer van Nederland. Ten tijde van de opkomst van Fortuyn hadden kranten als *The Times* geschreven dat 'xenofoob rechts' het land aan het veroveren was. Na de moord op Van Gogh werd een 'jihad aan de Noordzee' gesignaleerd. Nu had Nederland een uitgesproken critica van de islam het zwijgen opgelegd. 'Onrust over asiel dwingt Kamerlid om Nederland te verlaten,' luidde de kop in *The Financial Times*. 'Nederlanders maken islamcritica murw,' schreef *Die Welt*. Het Franse *Le Monde* kwam nog het dichtst bij de waarheid met de opmerking dat Nederland zich in een 'diepe existentiële crisis' bevond.

Ondertussen maakten ze zich op het bureau van de Nationaal Coördinator Terrorismebestrijding en bij de AIVD zorgen dat het allemaal nog erger kon worden. Het gevaar dat zich bij ons een aanslag à la Madrid zou voordoen, was nog steeds gezweken. In Spanje was de multiculturele samenleving niet ontploft. Maar als zoiets hier – in het oververhitte klimaat dat in Nederland heerste – gebeurde...

Bij de AIVD waren ze er – nog meer dan voor de moord op Van Gogh – van overtuigd geraakt dat iedereen voor 'geitenneukers' en 'pooier van de profeet' uitmaken de tegenstellingen onnodig op de spits dreef. De islam – vonden ze in Leidschendam – moest worden ingepolderd. Op die manier kon ervoor worden gezorgd dat de extremisten alleen kwamen te staan.

## 37 Het ongelijk van de seculiere elite


Oktober 2005: de Passenger Terminal Amsterdam liep vol genodigden. Normaal arriveerden hier cruiseschepen als de MV Regatta en de Costa Atlantica, maar nu werd op deze toplocatie aan het IJ een nationale conferentie over radicalisering gehouden. Iedereen was er – van topmilitairen in uniform tot bestuurders van islamitische scholen. Er waren canapeetjes en drankjes, er was een speciale gebedsruimte voor de moslims ingericht. Maar liefst drie ministers voerden het woord.

Piet Hein Donner zei dat je niet moest generaliseren: 'We associëren radicalisme impliciet nog altijd met onaangepaste allochtonen, exotische kleding en een vreemd geloof. Een gevaarlijk vooroordeel.'

Het betoog van Johan Remkes sloot daar naadloos bij aan: 'De moslims en de islam mogen niet vereenzelvigd worden met extremisme en radicalisme.'

Zelfs Rita Verdonk was goed geïnstrueerd dit keer. 'Het tegengif voor vervreemding is binding,' sprak ze vroom.

Opvallend was de prominente rol die op deze dag voor Sadik Harchaoui en Frank Buijs was weggelegd. In 2003 hadden ze samen alarm geslagen en signaleerden ze een 'sluipende innesteling van gewelddadige radicaal-islamitische stromingen in Nederland.' De politiek sloot daar toen de ogen voor.

Harchaoui en Buijs waren gefrustreerd dat niemand destijds naar hun waarschuwingen luisterde, maar inmiddels was er wat veranderd. In de Passenger Terminal mochten zij de keynotespeeches houden.

Ook Buijs en Harchaoui benadrukten hoe belangrijk het was om de islam als religie niet te verketteren. Als je dat wel deed, speelde je alleen de rekruteurs voor de jihad in de kaart. Harchaoui op de conferentie: 'De positieve krachten dienen ondersteund en gestimuleerd te worden.'

Buijs ging nog verder. Hij deed een frontale aanval op de Ayaans en Cliteurs die met een beroep op de scheiding van kerk en staat de invloed van de islam zo klein mogelijk wilden houden. 'We moeten het secularisme flexibel interpreteren, misschien wel voor een stukje vernieuwen, en de oplossing van praktische problemen stellen boven seculiere principes.'

Kort na de conferentie dronken we koffie met Buijs in het Amsterdamse café Dantzig. De politicoloog had een veelbewogen leven achter de rug: in 1969 was hij woordvoerder van de radicale studenten die het zenuwcentrum van de Universiteit van Amsterdam, het Maagdenhuis, bezetten. Zijn medestanders en hij zochten contact met de arbeidersklasse om samen het kapitalisme omver te werpen. Later sloot Buijs zich aan bij de Kommunistische Eenheidsbeweging Nederland die het gedachtegoed van voorzitter Mao wilde verspreiden. Jarenlang zette hij geen stap buiten die sekte.

In het boek *Tien rode jaren* van Antoine Verbij zei hij erover: 'Je had het gevoel dat je met iets heel nieuws bezig was. Je gaf er alles voor op, je familie, je vrienden, je relaties. Buiten de groep was niets meer, dat was één groot zwart gat. Daarom kapte je er ook niet mee, bang dat je, eenmaal op jezelf, aan de drank zou raken of zelfmoord zou plegen.'

De politicoloog – kortom – wist wat het was om extremist te zijn. De inzichten die hij toen had opgedaan, kwamen goed van pas bij zijn onderzoek naar het Nederlandse moslimradicalisme.

'Extremisten hebben een utopie. Ze denken dat het kwaad oprukt en dat daar onmiddellijk iets tegen moet worden ondernomen. De finale strijd tussen goed en kwaad staat op het punt van uitbarsten. Alle middelen zijn geoorloofd om het kwaad te keren.'

Zelf had hij niet blijvend last gehad van zijn radicale tijd. Hij was onderzoeker in Leiden geworden, en daarna in Amsterdam. Dat hij hoogopgeleid was en uit de middle class kwam, hielp een handje. Voor fundamentalistische moslims uit Amsterdam-West lag dat veel moeilijker: 'Ze zijn niet ingebed in de Nederlandse samenleving. Ze komen uit een zwak sociaaleconomisch milieu, ze hebben een geloof dat niemand begrijpt, ze hebben een andere culturele achtergrond. Wij konden de aansluiting weer vinden, dat zal bij hen minder gauw lukken.'

Volgens hem was de voorhoede die bereid was tot aanslagen over te gaan klein. Veel gevaarlijker was dat de grote massa van de moslims van de samenleving dreigde te vervreemden door alle verwensingen aan het adres van hun geloof. Daardoor werd het de jihadisten makkelijker gemaakt om aan nieuwe rekruten te komen.

'Het meest ben ik geschrokken van het verongelijkte gevoel onder democratisch gezinde moslims. Ze voelen zich niet gesteund door de overheid, ze hebben het idee dat de overheid een islamvijandige organisatie is. Daar spelen de extremisten op in. Iemand als Verdonk begrijpt niet wat ze aanricht als ze op de Dam uitroept dat Van Gogh door een Marokkaanse Nederlander is vermoord. Ook al is het feitelijk waar, alle Marokkanen voelen zich door zo'n uitspraak op hun pik getrapt.'

De extremisten moesten in het isolement worden gedrongen en daar had je de hulp van de democratische moslims bij nodig, was zijn overtuiging. Anders kon het in Nederland nog lelijk uit de hand gaan lopen.

Een van de democratische moslims van wie veel werd verwacht was Haci Karacaer van Milli Görüs. Toen we hem begin 2006 opnieuw tegenkwamen, stond hij net op het punt als directeur van die organisatie te vertrekken. Hij wilde na acht tropenjaren iets anders. Bovendien dreigden binnen Milli Görüs de conservatieven de macht te grijpen. We hadden hem wel eens vrolijker meegemaakt.

Net als Buijs stoorde Karacaer zich er al jaren aan hoe er op de religie werd ingehakt. Hij had dat in de loop van zijn leven al twee keer meegemaakt: eerst in Turkije en nu in Nederland.

'Turkije werd geregeerd door een kleine elite die zichzelf als westers beschouwde. Op den duur zou het hele volk op hen gaan lijken, dachten ze. Het tegendeel gebeurde: de seculiere elite wekte eerder haat dan sympathie. De verhoudingen verhardden zich. Die geschiedenis herhaalt zich nu in Europa. Veel moslims voelen zich naar de marge van de samenleving verbannen. Ze denken: ze motten me hier niet. Soms klopt dat, maar vaker is het alleen een gevoel van verongelijktheid. De seculiere elite reageert daar verkeerd op. De elite roept: we zien te weinig vooruitgang, we moeten de moslims nu maar eens vertellen waar het op staat. Het is die houding van: wij moderne mensen zullen wel even voordoen hoe je moet leven. Maar dat werkt niet.'

Karacaer was niet van de afdeling zelfbeklag. Hij besefte heel goed dat de islam dingen met zich mee kon brengen die voor de gemiddelde Nederlander totaal onbegrijpelijk waren.

'Ik spreek wel eens leidinggevenden in ziekenhuizen die zich erover beklagen dat moslimmeisjes geen mannen willen wassen. Een meisje dat op een operatiekamer werkte, weigerde haar handen met alcohol te desinfecteren. Ze beroepen zich dan op hun geloof. Ik kan me voorstellen dat zo'n leidinggevende zegt: dan neem ik liever een niet-moslim in dienst. Als je geen mannen wilt wassen, ga dan niet in de verpleging. Zulke uitwassen worden in steden als Amsterdam een steeds groter probleem.'

Maar afgezien daarvan hoopte Karacaer op een vreedzame dialoog tussen Nederland en Moslimland.

Was het wishful thinking? Niet helemaal.

Het waren kleine doorbraken, maar ramadan 2005 stond in het teken van discussies over de verhouding tussen het geloof en de democratie in de Pniëlkerk en het multicultureel jongerencentrum Argan. Bij het stadsdebat in Amersfoort waren het de allochtonen die de discussie op scherp stelden terwijl de politiek correcte autochtonen niet verder kwamen dan gedweep met multiculturele kookclubjes.

Op 7 maart 2006 deed zich een nieuw feit voor: een recordaantal allochtonen kwam opdagen bij de gemeenteraadsverkiezingen. Voormannen als imams, buurtvaders en bestuurders van zelforganisaties hadden hen opgeroepen niet langer te simmen maar het heft in eigen hand te nemen. De allochtonen stemden in overgrote meerderheid voor partijen als de PvdA en GroenLinks. In Amsterdam haalden de sociaaldemocraten in sommige buurten meer dan de helft van de stemmen. In Rotterdam werd de linkse nederlaag van 2002 (toen Pim Fortuyn won) ongedaan gemaakt.

## 38 Bidden voor het GVB

Een van de mensen die bij alle integratiedebatten en elke iftar-bijeenkomst opdook, was Ahmed Marcouch. Hij kwam op zijn tiende naar Nederland en was toen nog analfabeet. Zijn moeder was een paar jaar eerder gestorven en zijn vader hertrouwde. In totaal telde het gezin vijftien kinderen. Marcouch nam zijn lot al jong in eigen handen. Hij ging naar school, werkte en liet zich niet uit het veld slaan. Dat was de boodschap die hij ook voor anderen had. Marcouch was politieagent in West, ambtenaar jeugdbeleid in Zeeburg en vooral voorzitter van de Unie van Marokkaanse Moskeeën in Amsterdam en omstreken (UMMAO). Op 7 maart werd hij gekozen tot stadsdeelvoorzitter van Slotervaart.

De Marokkanen in de buurt reageerden laaiend enthousiast.

De oud-voorzitter van de Unie van Moskeeën stond al snel bekend als de man die de bezem door het verloederde Slotervaart ging halen. Vaders en moeders werden voortaan door de deelraad aangesproken op het wangedrag van hun kinderen. Zo had Marcouch het als ambtenaar in Zeeburg ook aangepakt.

'Ik ontbood de ouders. Ik confronteerde hen met het feit dat ze te weinig bij hun kinderen betrokken waren. In het begin keken ze daar vreemd van op, maar het werkte wel.'

Hij formuleerde het mooi: 'We moeten de lastige kinderen teruggeven aan hun ouders.' Even was hij stil. 'Ook al zijn het niet allemaal van die grote pedagogen.'

Een hardnekkig probleem was dat veel van die ouders de Nederlandse overheid als hun vijand beschouwden. Zo wemelde het in Slotervaart van de geruchten. Marokkaanse ouders waren ervan overtuigd dat het Bureau Jeugdzorg en de Raad voor de Kinderbescherming hun zonen en dochters wilden afpakken. Door in Slotervaart kinderen bij hun ouders weg te halen, wilde de Jeugdzorg goedmaken wat ze elders in Nederland had laten lopen. Dat soort geruchten ging hardnekkig rond. Marcouch noemde het 'een kloof die nodig moest worden gedicht': 'Overheidsinstellingen als de Jeugdzorg en de Kinderbescherming moeten op hun woord worden geloofd, anders kunnen ze niet functioneren.'

Hij wilde dat de ouders zelf nadachten: 'In plaats van op geruchten af te gaan. Nu roepen ze: zie je wel, de Nederlanders hebben het op ons gemunt. Als je niet bereid bent uit te zoeken wat er werkelijk aan de hand is, verval je heel snel in een slachtofferrol.' De Jeugdzorg en de Kinderbescherming moesten wel meer rekening houden met de gevoeligheden van zulke ouders, vond hij. 'In Marokko worden nooit kinderen uit huis geplaatst. Hier wel. Marokkaanse ouders hebben een andere zienswijze op de opvoeding en daar begrijpen de Nederlandse instanties weer niet veel van.'

Marcouch probeerde op zo'n moment een brug te slaan door meteen een bijeenkomst met alle betrokkenen te organiseren. Zijn boodschap was: niet klagen.

'Ik wil dat de Marokkaanse gemeenschap ervan doordrongen raakt dat ze de moeilijke situatie die in sommige wijken in Amsterdam is ontstaan, zelf moet oplossen.'

Veel jongeren liepen volgens hem 'met een knoop in hun maag'. Ze wilden graag wat doen, maar wisten niet wat. Dat 'middenkader' wilde hij erbij betrekken.

Op de vele bijeenkomsten die hij toesprak, hield Marcouch de aanwezigen voor dat het gebrek aan stages en banen een probleem was. Maar dat je ook moest durven kijken naar ouders die de greep op hun kinderen kwijt waren geraakt, mannen die hun vrouwen in Marokko dumpten en jongens die passerende meisjes voor hoer uitmaakten. Laatst had hij een groep jongeren meegenomen naar het Europees Parlement. Ze begonnen meteen weer te klagen dat ze gediscrimineerd werden.

Marcouch: 'Ik probeerde hen toen uit te leggen dat ze het heft in eigen hand moesten nemen. Word lid van een politieke partij, zei ik, dan kun je invloed uitoefenen.'

Dit soort bestuurders kwam in 2006 op: mondig, geëmancipeerd, en moslim.

Iemand als Marcouch paste helemaal in het straatje van burgemeester Job Cohen die wilde dat de Marokkanen 'de hoop van deze stad' en 'de toekomst van dit land' werden.

Zijn 'softe' aanpak was hem op veel kritiek komen te staan. Op 13 april 2002 liep een pro-Palestijnse betoging op de Dam uit de hand. Amerikaanse en Israëlische vlaggen werden in de fik gestoken. Spandoeken met teksten als 'Sjaron is Hitler' en 'de leugen van de zes miljoen' bepaalden het straatbeeld. Voor Hotel Krasnapolsky werd een man met een keppeltje op afgerost. De politie liet het gebeuren. Ingegrepen werd er pas toen er winkelruiten op de Nieuwendijk sneuvelden.

Had de burgemeester wel door wat voor virulent antisemitisme zich in buurten als Overtoomse Veld en Bos en

Lommer ontwikkelde, vroegen kranten als *Het Parool* zich af. Cohen wilde graag 'een bindende kracht' zijn maar was het nu niet passender geweest hard op te treden?

Najaar 2004 herhaalde die kritiek zich. In de Diamantbuurt – een pittoresk wijkje in Amsterdamse Schoolstijl iets ten zuiden van De Pijp – voelde het autochtone echtpaar Bert en Marja zich geterroriseerd door Marokkaanse jongeren die rondhingen op het Smaragdplein. Er werd voortdurend bij hen ingebroken, een van de jongens ging met een ijzeren ketting een parkeerautomaat te lijf, Marja werd op straat voor 'kankerhoer' uitgemaakt. Nadat het echtpaar via *de Volkskrant* het verhaal naar buiten bracht, escaleerde de situatie. De ruiten werden ingegooid, hakenkruizen op de auto van Marja geschilderd. De politie deed niets. Op 20 oktober zag het echtpaar zich gedwongen uit de buurt te vertrekken.

Cohen sprak van een nederlaag maar: 'Strafbare feiten moet je in ons rechtssysteem wel bewijzen.'

Dat werd zo'n slappe houding gevonden dat zelfs PvdA-fractievoorzitter Lodewijk Asscher zich in de gemeenteraad van de burgemeester distantieerde: 'Een echtpaar wordt weggepest en de overheid laat weten: "Het is een nederlaag. We kunnen niets doen." Dat kan toch niet waar zijn? Zo verneder je je inwoners. Een fatsoenlijke overheid beschermt de eigen burgers.'

Er waren wel meer mensen die Cohen nalatigheid verweten. Of een wat weeïg gevoel kregen bij de geforceerde manier waarop hij autochtonen en allochtonen bij elkaar wilde houden. Zoals op oudejaarsavond 2004. Onder zijn regie moest iedereen op de Dam elkaar toen een hand geven om samen het jaar van de verbroedering te vieren.

De Duitse professor Wilhelm Heitmeyer, die als eerste

onderzoek onder zich radicaliserende moslimjongeren had gedaan, noemde dat een belachelijke vertoning: 'Op dit moment over *feel good* praten, is grote flauwekul. Daar is de situatie, ook in Nederland, veel te ernstig voor. We moeten keiharde discussies voeren, de controverse opzoeken. Niet langer bespreken wat ons bindt. Het gaat om de verschillen. Die confrontatie gaan we uit de weg.' De burgemeester van Amsterdam was volgens hem alleen maar bezig 'zoete broodjes te bakken'.

Het was een voorbarig oordeel. Cohen was zoekend en tastend bezig de strategie vorm te geven die ze bij het bureau van de Nationaal Coördinator Terrorismebestrijding en de AIVD voor de enige verstandige hielden: de gematigde moslims meekrijgen tegen de extremisten.

Hij was er wat dat betreft vroeg bij. In zijn eerste nieuwjaarstoespraak in het Concertgebouw zei de burgemeester al dat hij de godsdienst als smeerolie van de integratie beschouwde. Een multiculturele stad als Amsterdam kon zich niet langer veroorloven religieuze voormannen als de imams links te laten liggen.

'De integratie van sommige bevolkingsgroepen in onze samenleving verloopt nu eenmaal via hun godsdienst. Willen we de dialoog met elkaar gaande houden, dan moeten we hoe dan ook de religieuze infrastructuur erbij halen. Zonder moskeeën, tempels, kerken en synagogen lukt het niet.'

Dat was tegen het zere been van de secularisten die in de jaren zestig in opstand tegen de dominee en de pastoor waren gekomen en nu invloedrijke posities op de universiteit en in de mediawereld innamen. Ze verweten de burgemeester dat hij aan het beginsel van de scheiding van kerk en staat morrelde. Was Cohen helemaal gek geworden?

Wilde hij terug naar de paternalistische jaren vijftig of zo?

De kritiek kwam dit keer niet alleen van de *usual suspects* (Cliteur, Hirsi Ali) maar ook van vaandeldragers van de linkse zaak als NRC-columnist Elsbeth Etty. Die schreef: 'En nu moeten we van Cohen als de donder naar de kerk en moskee om tot vroom volkje te worden bijgeschoold door pastoors en imams, want anders hebben we geen deel aan de dialoog over integratie. Wee ons! Wee over Amsterdam en de goddelozen!' Volgens haar ging de burgemeester te ver: 'Als de bussen en trams niet of niet op tijd rijden, moeten we dan bidden voor het GVB? Als schoolklassen naar huis worden gestuurd wegens het lerarentekort, moeten de kinderen dan naar het godsdienstonderwijs worden verwezen? Als de wachtlijsten in de gezondheidszorg groeien, moeten we dan bedevaarten houden of op wonderbaarlijke genezingen hopen?'

Cohen trok zich van dat soort aanvallen niets aan. Jammer voor de grachtengordel dat ze er zo over dachten, maar in de buurten waar hij mee te maken had (Overtoomse Veld, Bos en Lommer) lag het heel anders. Daar kon je met geen mogelijkheid meer om een godsdienst als de islam heen.

Tot meer bestuurders drong het langzamerhand door dat de Franse politicoloog Olivier Roy gelijk had toen hij voorspelde dat de islam een blijvende factor zou worden in het Westen. Te lang was gedacht dat je je daar niet mee bezig hoefde te houden. Er waren gastarbeiders uit het Rifgebergte en Anatolië, die hadden natuurlijk wat aanpassingsproblemen maar dat was van voorbijgaande aard. Niet goed opgelet, vond Roy. De islam was naar het Westen overgestoken en niet om hier roemloos ten onder te gaan.

Het oosten was het westen geworden en het westen het oosten. Dat gaf nu eenmaal vervelende neveneffecten als de opkomst van fundamentalistische moskeeën en radicaliserende jongeren.

De geleerde kon niet de garantie geven dat zulke problemen snel overwaaiden: de jongeren waren hier geboren en getogen maar zetten zich toch af tegen de westerse samenleving. Terwijl ze daar tegelijkertijd bij wilden horen. Hun protest was geen relict van het verleden maar het product van een nieuwe ontwikkeling: de globalisering van de islam. Of je het nou leuk vond of niet, het beste was het om die ontwikkeling onder ogen te zien. Niet dat je je moest neerleggen bij de verlangens van de radicalen. Integendeel: over de rechtsstaat vielen geen compromissen te sluiten, vond Roy. Maar we moesten de moslims net zo leren zien als de katholieken, de protestanten en de joden.

## 39 De grote minaret van Amersfoort

In de meest gemiddelde stad van Nederland, Amersfoort, zag je de multiculturele samenleving van de toekomst voor je ogen verrijzen. De kinderen en kleinkinderen van de gastarbeiders hadden het inmiddels redelijk ver geschopt: de een was consultant, de ander werkte als ingenieur. Ze praatten vlekkeloos Nederlands en waren goedgebekt. Ze barstten van de ambitie. Maar ze waren wel vroom moslim.

Bij Milli Görüs was een nieuwe generatie aangetreden. Secretaris was nu de zevenentwintigjarige Nur Hamurcu.

De econoom leidde ons rond door de Rahman-moskee, die de beweging in 2000 had gekocht: een gerenoveerd schoolgebouw met gescheiden gebedsruimten voor de mannen en vrouwen. Hamurcu had veel te danken aan de gebroeders Taspinar, die begin jaren negentig de koffiehuizen afliepen om de vaste bezoekers tot het geloof te bekeren. Een van die bekeerlingen was zijn oudste broer.

'Tevfik Taspinar zei hem recht in zijn gezicht dat hij zijn leven aan het vergooien was. Een moslim moest ambitieus en maatschappelijk actief zijn, vond hij. Dat was voor mijn broer een openbaring. Voor ons allemaal thuis kwam de aanpak van de Taspinars op een revolutie neer. Mijn vader had het er moeilijk mee, opeens werden er kritische vragen gesteld, daar was hij niet aan gewend.'

Nur en zijn tweelingbroer Mustafa, beleidsambtenaar bij de gemeente, waren door Milli Görüs gevormd.

'Vergeet niet, mijn moeder is analfabeet en mijn vader heeft maar twee jaar op school gezeten. Zij konden ons niet overhoren.'

Nu onderhield hij als secretaris contact met autoriteiten als burgemeester Albertine van Vliet en wethouder Mirjam van 't Veld van Integratie. Hij was er trots op.

Ismail Taspinar hield kantoor in een nieuwbouwwijk van Leusden. De jongere broer van pionier Tevfik was nu directeur van Simon, de Stichting Primair Onderwijs op islamtische Grondslag in Midden- en Oost-Nederland. Hij was open en wilde graag praten. Over zijn ouders die heimwee kregen en naar Turkije terugkeerden. Over de Nederlandse vriendin op wie hij op zestienjarige leeftijd verliefd werd: 'Haar ouders beschouwden me als hun eigen. Ik deed overal aan mee. Ik verkleedde me als Sinterklaas, ik dronk alcohol, alleen varkensvlees was een stap te ver, dat at ik niet.'

Toch werd hij opeens een fanatiek gelovige: 'Begin jaren negentig droeg ik een lange baard, ik had een tulband op en ik scheurde de kraag van mijn overhemd want dat moest ruw zijn.' Achteraf kon hij om die periode in zijn leven lachen: 'Ik zag er als een ayatollah uit, ik begrijp best dat mensen bang voor me waren.'

Zijn Nederlandse vriendin had zich tot de islam bekeerd en ging gesluierd door het leven, Taspinar vertaalde religieuze boeken voor haar: 'Er was toen nog bitter weinig in het Nederlands.' Ze waren heel hecht: 'We deden alles samen.' De jonge radicaal ergerde zich aan de Nederlanders die er maar op los leefden. Drank, drugs, discotheken, pornofilms.

'Hun roekeloosheid beangstigde me. Wij hadden ons geloof, dat leerde ons weerstand te bieden aan zulke verleidingen. We maakten ons zorgen over de jaren dat we hadden gezondigd. Zouden die ons ooit worden vergeven?'

Destijds stond de radicale Duitse imam Metin Kaplan ook in Amersfoort in aanzien. Hij beijverde zich voor de komst van een islamitische staat – desnoods met geweld.

'Ik luisterde naar zijn preken', herinnerde Taspinar zich: 'Ik vond hem inspirerend. Wat mij het meest aansprak, was zijn hang naar puurheid. Ik was er ook van overtuigd dat we ons van al het slechte moesten zuiveren. Ik raakte steeds meer onthecht. Het enige wat telde waren geestelijke waarden, het materiële interesseerde me niet meer. Ik had voor mijn geloof willen sterven.'

De relatie met zijn vriendin liep stuk, zij vond dat hij wel erg fanatiek aan het worden was. Taspinar had het gevoel dat hij vreselijk had gefaald.

'De klap kwam extra hard aan doordat ik van haar ouders hoorde dat ze al haar islamitische kleren de dag nadat het uit ging bij het oud vuil had gezet.'

Uiteindelijk trouwde hij met een dochter van een imam uit Turkije. En trad hij in dienst bij de ISBO (de Islamitische Scholen Besturen Organisatie). De moslimscholen schoten als paddenstoelen uit de grond. Taspinar droeg daar het zijne toe bij. Ook bleef hij actief in de Milli Görüs-afdeling in Amersfoort.

'In het kader van de integratie kregen we veel subsidie los. We richtten onze eigen voetbalclub op. Nederlandse mannen mochten meedoen maar moesten dan wel apart douchen. Het was moeilijk: de Nederlanders subsidieerden ons in de hoop dat we integreerden, maar wij wilden onszelf blijven.'

Van al zijn onderhandelingen met het ministerie van Onderwijs en de gemeente had hij heel veel geleerd, vond Taspinar nu: 'Inmiddels kan ik assertief denken, en heb ik een meer westerse mentaliteit.' Ter waarschuwing hief hij zijn handen op: 'Maar wel binnen mijn eigen islamitische grenzen!'

Ook Halil Aydin stelde zich er steeds meer op in dat hij langdurig in Nederland zou blijven. Hij werkte bij Philips en was bestuurslid van de Turkse Sicaf-moskee die net een imposant nieuw gebedshuis in de wijk Liendert had betrokken.

'Ik ben Nederlander, ik voel me Nederlander,' zei hij. 'Natuurlijk ben ik moslim, maar ook een verdomde Nederlander. Ik houd heel veel van Nederland en dat is wel eens moeilijk duidelijk te maken. Waarom lukt het ons niet geaccepteerd te worden?'

Met een mengeling van bewondering en jaloezie vertelde Aydin ons hoe graag hij iemand als Moskowicz zou willen zijn, de geslaagde advocaat.

'Hij is een jood en toch staat hij op de bovenste sport van de maatschappelijke ladder. Als hij ergens met zijn keppeltje op verschijnt, vindt iedereen dat prima. Zo zou ik graag zien dat vrouwelijke artsen hun werk met een hoofddoek op kunnen doen.'

Toen we in 1992 voor het eerst in Amersfoort kwamen, waren er vijf moskeeën. Drie van Turkse en twee van Marokkaanse signatuur. Ze stonden er nog steeds maar waren wel flink gegroeid. Vanwege de toenemende belangstelling voor het geloof was de Sicaf-moskee uitgebreid. De Marokkaanse El Fath-moskee was druk aan het bouwen. Een grote vierkante minaret zou in de toekomst het straatbeeld rond de Zangvogelweg bepalen. Samen met de glazen koepel, geïnspireerd op die van de Amersfoortse schouwburg De Flint. Heel Marokkaans maar toch ook heel Amersfoorts/Nederlands.

De gemeente had niet meteen enthousiast gereageerd toen het bestuur van de El Fath meldde dat er hoognodig een nieuw onderkomen nodig was. De ambtenaren herinnerden zich nog het gedram van Tevfik Taspinar in de jaren negentig. Die wilde toen een grote moskee, een universiteit, een hogeschool – allemaal op islamitische grondslag. Maar uiteindelijk bleken alle sponsors die hij in stelling had gebracht er niet te zijn. Pas toen het El Fath-bestuur een generatiewisseling had doorgemaakt (de oudere, slecht Nederlands sprekende mannen maakten in 2003 plaats voor de jonge garde), durfden de gemeenteambtenaren het aan.

Projectmanager Heino Abrahams op zijn kamer op het stadhuis: 'Ineens zat ik aan tafel met geboren Amersfoorters die verstand van zaken hadden, de penningmeester werkte bij de belastingdienst en binnen drie maanden lag er een financieel plan. De zeshonderd gezinnen die bij de moskee horen, zouden met zijn allen voor één miljoen euro zorgen. Ze lieten ons de boeken controleren en die zagen er goed uit.'

De inspraakavonden waar de buurt zijn bezwaren tegen de moskee kenbaar mocht maken, verliepen onverwacht rustig.

'We waren ons ervan bewust dat ze die moskee liever in de achtertuin van de burgemeester zagen,' vertelde bestuurslid Abdelkarim Elkarti over de bewoners van de Zangvogelweg. 'Dus hebben we hun uitgelegd hoe zorgvuldig de profeet met zijn buren omging.'

Elkarti zelf was ook het prototype van de poldermoslim. Open, tolerant, met een Nederlandse vrouw getrouwd maar wel steeds religieuzer geworden. Nadat hij zijn hbo-opleiding economie had voltooid, verdiepte hij zich in de zin van het bestaan.

'Ik besefte dat ik hard zou moeten werken voor een plek in het hiernamaals. Wij moslims worden op de dag des oordeels nu eenmaal ter verantwoording geroepen.'

Hij worstelde met vragen als 'moet ik een vrouw een hand geven?' Hij was bang dat zo'n vrouw het verkeerd zou opvatten.

'Het is niet persoonlijk bedoeld, het gaat om mijn geloof. Mensen mogen de islam wat mij betreft achterlijk vinden. Als ze maar niet bang voor ons zijn. Meisjes met een hoofddoek blazen zich echt niet op.'

Najaar 2004 deed het bestuur van de El Fath-moskee zijn burgerplicht. Terrorist Jason W. en zijn broer Jermaine kwamen al een tijd in El Fath om te bidden. Niemand kende hen. Toen Jermaine steeds verwarder taal begon uit te slaan en tot diep in de nacht rond de moskee bleef hangen, werden de autoriteiten ingelicht.

## 40 Home sweet home

Toen we in 1992 de islamitische Bilalschool voor het eerst bezochten, waren er honderd leerlingen. Dat waren er ondertussen driehonderdvijftig geworden. De onderwijsinspectie was tevreden over de school, dat was in het verleden wel eens anders geweest. Zes jaar geleden dreigde de Bilalschool door een conflict te worden verscheurd. De godsdienstleraar vertoonde filmpjes over het Midden-Oosten waarin de joden als nazimonsters werden afgeschilderd. Nederlandse collega's brachten de zaak naar buiten. Ismail Taspinar – toen ISBO-bestuurder – zat in een moeilijk parket. Moest hij de godsdienstleraar de hand boven het hoofd houden of moest hij hem aangeven bij de autoriteiten? Hij koos voor het laatste. De godsdienstleraar in kwestie nam het hem zeer kwalijk.

Directeur Fred Koopman van de Bilalschool vertelde ons wat Taspinar zelf niet had willen zeggen: hoeveel gewetensnood de affaire de islamitische onderwijsbestuurder had bezorgd. Maar Taspinar had uiteindelijk beseft waar zijn loyaliteit moest liggen.

Koopman zelf zat ook wel eens in een lastig parket. Zo had hij het moeilijk met de 'fanatieke geloofsbeleving' bij jonge moslims in het algemeen en bij Nederlandse bekeerlingen in het bijzonder. Regelmatig kwam hij meisjes tegen die hem geen hand wilden geven. Laatst had de school een stagiaire die opeens een boerka wilde gaan dragen. Koopman raadde de vrouw aan het kledingstuk thuis te laten. Daar was wat haar betreft geen denken aan. Toen had de directeur haar gevraagd ergens anders stage te gaan lopen. Ze werkte nu op een islamitische school elders in het land.

Een – bekeerde – moeder van een van de leerlingen droeg ook een boerka. Koopman vond het lastig contact met haar te leggen, daarom complimenteerde hij haar tijdens hun eerste ontmoeting met haar mooie stem. 'Dat brak het ijs.'

Lang geaarzeld had Fred Koopman over het plan van het televisieprogramma *Nova* om een bezoek van Ayaan Hirsi Ali aan de Bilalschool te filmen. Uiteindelijk stemde hij toe. Tegenover het schoolbestuur gebruikte hij het argument dat ook de profeet zou hebben gewild dat ze op de televisie met leerlingen in discussie ging.

Het liep weer uit op heibel. Tijdens de opname legde Hirsi Ali de kinderen van de school de vraag voor wat voor hen belangrijker was: de Grondwet of Allah.

'Allah,' riep de hele klas. Het Kamerlid kreeg het verwijt dat ze de leerlingen voor een oneigenlijke keus had gesteld. Toch had Koopman er geen spijt van dat hij Hirsi Ali had uitgenodigd: 'Je moet open zijn en je kwetsbaar durven opstellen.'

De Milli Görüs-meiden in Amersfoort zagen er behoorlijk vroom uit. Ze waren tussen de negentien en vijfentwintig en zaten bij elkaar in de ruimte boven de Rahman-moskee. Koffie, thee, koekjes en nootjes stonden op tafel. Beyan, Zeliha en Fatma hadden vroeger op de Bilalschool gezeten, de andere drie waren de afgelopen jaren pas gelovig geworden. Alle zes droegen hoofddoekjes. Toch voelden ze zich Amersfoorter in hart en nieren.

'Als ik de afslag Amersfoort-Hoevelaken zie, denk ik *home sweet home*,' zei Fatma.

'Zodra ik de trein uitstap, voel ik me blij en relaxed,' viel Zeliha haar bij.

Hun loopbaan was belangrijk voor de meiden. Ze wilden lerares worden of iets doen in de gezondheidszorg. Een was vastbesloten om de politiek in te gaan.

Niet iedereen bracht het overigens zo ver. Ze waren er, vertelde Ismail Taspinar: de artsen, apothekers en advocaten, de moslims die carrière maakten. Maar hij zag ook mensen teleurgesteld naar Turkije vertrekken.

'Ze hebben het gevoel er hier niet tussen te komen. Ik vraag mijn eigen dochters zich Nederlander te voelen, maar dat lukt ze niet vanwege de anti-islamgevoelens die er zijn. Mijn middelste dochter heeft overwegend Turkse vriendinnen, autochtonen kijken op haar neer,' zegt ze. 'Mijn oudste dochter had overwegend Nederlandse vriendinnen, maar dat werkte niet. Sommigen waren al met een jongen naar bed geweest, maar daar kon mijn dochter niet over meepraten.'

Taspinar zelf voelde zich pas najaar 2004 serieus genomen in Nederland. De aanleiding was wrang: na de moord op Van Gogh ging de Bedir-school in Uden in vlammen op en die viel onder zijn Stichting Primair Onderwijs op Islamitische Grondslag in Midden- en Oost-Nederland.

'Als woordvoerder van de school zat ik in alle nieuwsuitzendingen. Kennelijk wist ik de Nederlandse gemeenschap te raken. Eindelijk voelde ik me een medeburger. Dat vond ik mooi. Het greep me aan.'

De wijk Vathorst, waar Ismail en zijn vrouw Selma Taspinar met hun drie kinderen woonden, was nog in aanbouw. De Taspinars hadden een mooi huis, compleet met sauna en een losstaand kookeiland. Selma kwam veel in de Rahman-moskee, ze nam deel aan een vrouwengroep die bestond uit advocaten en leraren.

'We zijn niet radicaal, al dragen we een hoofddoek, we willen er gewoon bijhoren.'

Zelf had deze dochter van een imam haar middelbare beroepsopleiding maatschappelijk werk afgerond. Onder het diner (vis, sla en verse walnoten uit Turkije) vertelde Ismail hoezeer hij naar een gevoel van saamhorigheid in Nederland snakte.

'Misschien moeten we als moslims ook de avondvierdaagse gaan lopen,' stelde hij bloedserieus voor. 'In elk geval moeten we allemaal weten wat de kleur oranje voor jullie betekent.'

Taspinar had nog een wens. Hij keek uit naar de dag dat radio en televisie wat genuanceerder over moslims zouden gaan berichten. Hoe kon het, vroeg hij zich peinzend af, dat de joden er wel in waren geslaagd zichzelf te blijven en toch geaccepteerd te worden? En de moslims niet? Werden ze bewust buiten de deur gehouden of lag het aan hun eigen neiging zich van de Nederlanders af te zonderen?

Het was allebei een beetje waar, dacht hij.

Taspinar wilde dat de moslims zich in de toekomst opener gingen opstellen dan nu. 'Als we dat doen, zou het ons dan wél lukken erbij te horen?'

## 41 De geloofsbelijdenis van Piet Hein Donner

Vrijdag 30 juni 2006. De avond daarvoor was het kabinet gevallen over de ruzie tussen Hirsi Ali en Verdonk. Het Binnenhof veranderde bij toverslag in één grote heksenketel. Maar op het ministerie van Justitie aan de Schedeldoekshaven heerste een weldadige rust. Op de gang stond een karretje vol loodgieterstassen met stukken die Piet Hein Donner het weekend moest doornemen. De vergadertafel gaf uitzicht op een schilderij waarop Adam en Eva net aanstalten maakten de appel te eten die hen uiteindelijk uit het paradijs zou verdrijven. Ondanks de verzengende hitte droeg de minister een driedelig pak en het zat hem als gegoten. Bij Piet Hein Donner op de kamer leek het alsof de tijd had stilgestaan.

De minister (telg uit een geslacht van gerenommeerde juristen, zijn vader was rechter bij het Europees Hof van Justitie geweest, zijn grootvader president van de Hoge Raad) was samen met collega Remkes van Binnenlandse Zaken belast met de terrorismebestrijding. Als het erom ging aanslagen te voorkomen, koos hij voor de harde lijn. Maar toen Kamerlid Wilders voorjaar 2004 op hoge toon eiste dat moskeeën met radicale voorgangers werden gesloten, weigerde Donner: 'Als u een godsdienstoorlog wilt beginnen, moet u dat zonder mij doen.' Het geloof – ook de islam – was heilig voor mensen, vond de gereformeerde bewindsman. Wie strafbare feiten pleegde, moest het voelen. Maar van het geloof bleef je af.

De christenen uit de negentiende eeuw waren ook geen lieverdjes, zei Donner die vrijdag op zijn ministerie. 'Ze pleegden geen aanslagen, dat is het verschil. Maar veel protestantse dominees bedienden zich wel van krachtdadige, soms gewelddadige, retoriek. Vergeet niet hoe hard het er verbaal aan toeging tijdens de Doleantie (de afscheiding van de gereformeerden van de Nederlands Hervormde Kerk in 1886). Toen zag je eigenlijk hetzelfde als nu: de maatschappelijke elite ging steeds vrijzinniger en liberaler denken. De kleine luyden kwamen daartegen in opstand. En het ging hard tegen hard.'

De Marokkaanse jongeren die tevergeefs naar een baan zochten, reageerden niet anders dan de kleine luyden van toen: 'Ze bijten zich vast in godsdienstige dogma's. Ze verinnerlijken de spirituele kant. Ze willen vijf keer per dag bidden en zo. Het is niet identiek aan de late negentiende eeuw, maar het zijn vergelijkbare patronen.'

Donner was voorzitter van de Wetenschappelijke Raad voor het Regeringsbeleid toen Frits Bolkestein een dreigend conflict tussen de islam en de democratie signaleerde. Hij was lid van de Raad van State toen Pim Fortuyn de moslims collectief voor achterlijk versleet.

'Zij hebben me wakker geschud. Dankzij hen ben ik gaan beseffen dat de islam een factor van betekenis zou worden. Maar de manier waarop ze de discussie voerden, was heilloos. Ze zetten mensen tegen elkaar op. Bolkestein in zekere zin ook. De boodschap was alleen maar: we moeten ons beschermen tegen de islam.'

Dat Fortuyn en Bolkestein zo'n weerklank in Nederland vonden, verbaasde Donner niet. Sinds halverwege de twintigste eeuw hadden veel Nederlanders het traditionele christendom ingeruild voor het geloof in vrije abortus, de weldadige werking van drugs en de zegeningen van het homohuwelijk. Nu kwam met de islam een geloof op dat daar niets van moest hebben. Geen wonder dat het botste.

'We zijn van het ene uiterste – een verzuild systeem waarin je precies wist wat je van de wereld moest vinden – in het andere uiterste vervallen: een ver doorgevoerde vorm van secularisme. Historici hebben de Nederlanders altijd beschreven als een stabiel en gelijkmatig volk. Maar er is geen land in Europa dat in de jaren zestig zo is omgeslagen. De hogepriesters van het secularisme zeggen dat er maar één objectieve norm is: de rationaliteit. Ze zijn zo arrogant om te denken dat het geloof in God achterlijk is. Door de opkomst van de islam zien ze hun verworven vrijheden bedreigd en daar reageren ze extreem op. Een laagvlakte met maar één zuil is voor sommige mensen nu eenmaal erg bedreigend.'

Dat het er in Nederland hard aan toeging, kwam ook door het poldermodel dat zo lang was gekoesterd.

'We zijn ruzies uit de weg gegaan, omdat je anders niet meer met elkaar door één deur kunt. Dat kan leiden tot: laten we nog maar alleen over het weer praten en niet over de moeilijke problemen die op ons afkomen. Dan wordt het intellectuele lafheid. Wat als multiculturele samenleving werd verkocht, was in feite welwillend langs elkaar heen leven. Eigenlijk waren we op weg naar een vorm van sociale en culturele apartheid. Bij de PvdA hadden ze last van restjes marxistisch denken: beperk je tot de sociaaleconomische problemen, want die zijn tenminste oplosbaar. De culturele en religieuze verwijdering zagen ze over het hoofd.'

De sociaaldemocraten hadden lang stilgestaan, maar politici als Wilders holden zo hard dat ze over hun eigen benen struikelden, vond Donner: 'Het is nogal ironisch dat mensen die zelf al jaren niet meer naar de kerk gaan de christelijk-joodse traditie van Nederland in stelling willen brengen tegen de islam. Na de aanslagen in Madrid is er een moment geweest dat het kabinet alle beperkende maatregelen door de Kamer had kunnen krijgen die het wilde. Als we toen hadden voorgesteld iedereen die er maar een beetje verdacht uitzag te interneren, was dat er wellicht zonder slag of stoot doorgekomen. Ook al was de situatie gespannen, dat wilden we niet. Voordat je het weet, zit je midden in een oorlog tussen het christendom en de islam of het secularisme en de islam. Dan wordt het onoplosbaar. Dan speel je met vuur.'

Voor Donner stond één ding vast: het terrorisme moest worden bestreden, maar de nieuwe islamitische zuil kon je maar beter met open armen verwelkomen. Ook als dat de laagvlakte onder spanning zou zetten. Dat probleem loste je niet in een handomdraai op.

'In onze moderne samenleving zijn veel mensen ten onrechte gaan denken dat alles wat hen niet zint even kan worden rechtgezet. Ze zitten elke avond voor de televisie en kijken naar programma's die een oplossing voor al hun problemen suggereren. Dan denken ze: in de echte samenleving hebben we daar ook recht op. En wel nu meteen. Maar zo werkt het niet. Verwacht niet dat de tegenstellingen tussen de Nederlanders en de migranten binnen een paar jaar zijn opgelost. Nederland zal pas weer stabiel zijn als we een gezamenlijke noemer hebben gevonden. Ik ben bang dat wij dat niet meer zullen meemaken.'

Moslims hadden net zo goed recht op de beleving van

hun religie als de protestanten en katholieken, vond Donner. Ook als dat fundamentalistische vormen aannam. Ook als dat gepaard ging met afwijkende gedragsregels als 'een vrouw geef ik geen hand'.

Met pretoogjes: 'Dat heb je te accepteren. Je hebt ook culturen waar iedereen elkaar drie keer zoent, voor mij hoeft het niet, maar het is nu eenmaal zo. Ik vond het heel verstandig dat de Koningin er niet op stond dat de imam haar de hand schudde toen ze een moskee bezocht. Als ik hier moslimleiders op bezoek heb, zeg ik toch ook niet: kom jongens, we gaan een borrel drinken.'

Recht tegenover hem op de ministersgang zat de vrouw die wél van imams eiste dat ze haar een hand gaven: Rita Verdonk. Wat vond Donner daarvan?

'Vraag me niet te oordelen over een collega-minister. Maar er is een toon in het politieke debat geslopen die me niet bevalt. Een toon van: Gij zult assimileren, Gij moet in het openbaar onze waarden overnemen. *Be reasonable, do it our way.* Dat is niet mijn benadering.'

We hebben migranten gesproken die zeggen: Verdonk is gevangenisdirecteur geweest en nu behandelt ze ons als haar gevangenen.

'Als dat wordt gezegd, vind ik dat verontrustend. Maar let wel: ze kreeg de portefeuille Vreemdelingenzaken na de Fortuyn-revolte. Op een moment dat een groot deel van de kiezers zijn vertrouwen in de politiek had verloren. Zij had de taak hun gevoelens en emoties te kanaliseren. Zo kon worden voorkomen dat het verder uit de hand zou lopen. Voor een democratie is het belangrijk dat zulke gevoelens tot uitdrukking kunnen komen in het regeringsbeleid. Anders denkt het volk: ze begrijpen ons niet. Dan had het tot gewelddadige uitbarstingen kunnen komen.'

Maar op deze manier hebben de regeringspartijen wel de moslims van zich vervreemd.

'Je kunt niet alles tegelijk oplossen. We hebben met een probleem te maken dat nog een tijd zal voortduren. Je moet hopen dat mensen elkaar op den duur zullen vinden.'

Nederland moet eerst door het dal van het conflict heen?

'Ja, het kan niet altijd zonder conflict.'

Nog beter voor de democratie zou het zijn als niet alleen de conservatieve populisten, maar ook de fanatieke moslims hun eigen vertegenwoordiger in de politiek zouden krijgen.

'Wat dreigt, is een gewelddadige confrontatie buiten de regels van het democratisch rechtsbestel om. Dat moeten we vervangen door een democratisch treffen binnen het bestel. Zo'n Abou Jahjah, hadden wij maar zo iemand in Nederland! Hij blijft binnen de grenzen van de wet en functioneert als bliksemafleider voor de onlustgevoelens onder jonge moslims. Wat hij wil bereiken, doet hij door met anderen samen te werken. Zo zou het in een pluriforme democratie moeten gaan.'

Uw partijgenoot Maxime Verhagen was minder gerust op de goede afloop dan u. Hij was bang dat de moslims van hun stemrecht gebruik zouden maken om de sharia in te voeren.

'Het moet mogelijk zijn dat moslimgroeperingen langs democratische weg aan de macht komen. Iedere burger mag beargumenteren waarom de wet moet worden veranderd. Als hij zich ondertussen maar wel aan de wet houdt. Voor mij staat vast: als tweederde van alle Nederlanders morgen de sharia zou willen invoeren, dan moet die mogelijkheid toch bestaan? Zoiets kun je wettelijk niet tegenhouden. Het zou ook een schande zijn om te zeggen: dat mag niet! De meerderheid telt. Dat is nou juist de essentie van democratie.'

# Literatuur

AIVD, *De politieke islam in Nederland*, Den Haag, 1998.
AIVD, *Recrutering in Nederland voor de jihad*, Den Haag, 2002.
AIVD, *Van dawa tot jihad*, Den Haag, 2004.
AIVD, *De gewelddadige Jihad in Nederland*, Den Haag, 2006.
Albert Benschop, *Kroniek van een aangekondigde politieke moord*, Forum, Utrecht, 2005.
Eric Borgman, Gabriël van den Brink en Thijs Jansen, *Zonder geloof geen democratie. Christen Democratische Verkenningen*, Boom, Amsterdam, 2006.
P. Broertjes e.a., *Het fenomeen Fortuyn*, de Volkskrant/Meulenhoff, Amsterdam, 2004.
*Bruggen bouwen. Eindrapport Tijdelijke Commissie Onderzoek Integratiebeleid*, Den Haag, 2004.
Frank J. Buijs, Froukje Demant en Atef Hamdy, *Strijders van eigen bodem*, Amsterdam University Press, 2006.
Jutta Chorus en Menno de Galan, *In de ban van Fortuyn*, Mets & Schilt, Amsterdam, 2002.
Jutta Chorus en Ahmet Olgun, *In godsnaam*, Contact, Amsterdam, 2005.
Guido Derksen, *Hutspot Holland*, Atlas, Amsterdam, 2005.
Diverse auteurs, *Hoe nu verder? 42 visies op de toekomst van Nederland*, Het Spectrum, Utrecht, 2005.

Han Entzinger, Karin Phalet en Claudia van Lotingen, *Islam in de multiculturele samenleving*, Universiteit Utrecht, 2000.

Pim Fortuyn, *Tegen de islamisering van onze cultuur*, Bruna, Utrecht, 1997.

Pim Fortuyn, *De puinhopen van acht jaar Paars*, Karakter, Rotterdam, 2002.

Theo van Gogh, *Allah weet het beter*, Xtra, Amsterdam, 2003.

Mérove Gijsberts en Jaco Dagevos, *Uit elkaars buurt*, Sociaal en Cultureel Planbureau, Den Haag, 2005.

Wilhelm Heitmeyer, *Verlockender Fundamentalismus*, Suhrkamp, Frankfurt am Main, 1997.

Jos Heymans, *Het jaar van de waanzin*, SDU, Den Haag, 2003.

Margalith Kleijwegt, *Onzichtbare ouders. De buurt van Mohammed B.*, Plataan, Zutphen, 2005.

Dick Pels, *De geest van Pim*, Anthos, Amsterdam, 2003.

Olivier Roy, *De globalisering van de islam*, Van Gennep, Amsterdam, 2003.

Paul Scheffer, 'Het multiculturele drama' in: NRC Handelsblad, 29 januari 2000.

Antoine Verbij, *Tien rode jaren*, Ambo, Amsterdam, 2005.

Hans Wansink, *De erfenis van Fortuyn*, Meulenhoff, Amsterdam, 2004.

Max van Weezel en Leonard Ornstein, *Frits Bolkestein: portret van een liberale vrijbuiter*, Prometheus, Amsterdam, 1999.

Max van Weezel en Michiel Zonneveld, *De onttovering van Paars*, Van Gennep, Amsterdam, 2002.

Gerard van Westerloo, *Niet spreken met de bestuurder*, De Bezige Bij, Amsterdam, 2003.

# Personenregister

Aartsen, Jozias van 127, 128, 164, 165, 169, 170, 179, 180, 186, 192
Aartsma, Ronald 82
Abbos, Samira 208
Abdolah, Kader 132
Abou Jahjah, Dyab 162, 245
Aboutaleb, Ahmed 167, 201
Abrahams, Heino 234
Abu Mussab, *zie* Boughabe
Abu Zubair, *zie* Bouyeri
Adelmund, Karin 23
Ahmadinejad, Mahmoud 213
Aken, Carolien van 110
Akgül, Ahmed 35
Akhnikh, Ismail 178
d'Ancona, Hedy 12, 13, 46
Arafat, Jasir 213
Arbib, Driss 128, 197
Arib, Khadija 128
Arslan, Zeki 130
Asscher, Lodewijk 226
Aydin, Halil 233
Aykul, Ismael 17
Azahaf, Abdelkader 17
Azzouz, Samir 172, 198

Bagci, Sabri 34
Balkenende, Jan Peter 90, 104, 112, 115, 144
Barkhuis, Tania 151
Barroudi, Saïda el 81, 82, 84
Bekkering, Anneke 96-98
Benschop, Albert 174
Bilgin, Sibel 33
Bin Laden, Osama 9, 65, 72-75, 78, 79, 86, 108, 111, 155
Blair, Tony 213
Blok, Stef 28, 128
Bolkestein, Frits 12-14, 27, 45, 120, 121
Bomhoff, Eduard 55
Boonacker, Dave 83
Borst, Els 65
Bos, Wouter 143, 159
Boughabe, Mohammed Fahmi 198
Bouyeri, Mohammed 9, 163, 165-167, 171-174, 177-180, 187, 189, 190, 196, 197, 204, 209
Boxtel, Roger van 45, 47, 55, 56, 58-61, 63, 66, 67, 123, 133

Braun, Eva 139
Brinkhorst, Laurens Jan 119, 120, 181-185, 191
Brinkman, Elco 26
Bruyne, Gina 111
Buijs, Frank 156, 217-220
Bush, George W. 75, 213

Celiktas, Seval 80, 81
Charles, prins 12
Cheppih, Mohammed 209
Clinton, Bill 45
Cliteur, Paul 160, 161, 218, 228
Cohen, Job 46, 59, 72, 86-88, 110, 123, 139, 145, 175-177, 189, 196, 210, 225-228

Dales, Ien 46, 140
Deetman, Wim 178
Dewinter, Filip 13, 89, 114
Diana, prinses 12, 36
Dijkstal, Hans 45, 55, 56, 77, 88, 89, 158, 193
Docters van Leeuwen, Arthur 158
Donner, Piet-Hein 10, 159, 170, 171, 174, 177, 178, 186, 202, 217, 240-246
Duijn, Nico van 93, 94
Duyts, Ivonne 96, 98

Eerdmans, Joost 146, 161

Eikelboom, Jakob 110
Elallaoui, Asma el 81
Elatik, Fatima 71, 128
Elidrisi, Abdoeslan 17-19
Elkarti, Abdelkarim 211, 234, 235
Elkhadari, Fouad 79, 80
Ellian, Afshin 128
Elmoussaoui, Moustapha 80
Elyahjaoui, Mohammed 21
Engbersen, Godfried 140
Entzinger, Han 8, 70, 77, 85, 111, 157
Ephimenco, Sylvain 128, 160, 161
Erbakan, Necmettin 20, 29, 33
Etty, Elsbeth 228

Fernandes Mendes, Hugo 58
Fortuyn, Pim 9, 64-68, 79-84, 88, 89, 91-94, 105, 107, 112-115, 117-121, 124, 133, 134, 140, 142, 143, 160, 164, 175, 191, 215, 216, 222, 241, 244
Frank, Anne 89
Frenzel, Rob 36, 37, 40, 41
Fukuyama, Francis 11

Geus, Aart Jan de 169
Glastra van Loon, Dick 172, 173, 195, 200, 201
Gogh, Theo van 9, 66, 160-162, 164, 166-168, 170, 173, 176-178, 180-182, 186, 188, 189, 195, 197, 198

Graaf, Thom de 57, 89
Graaf, Volkert van der 82

Haddaui, Shafik 50, 51
Hadjar, Fatimazohra 173, 196
Haffner, Sebastian 68
Haider, Jörg 115
Halsema, Femke 54, 179, 181
Harachaoui, Sadik 9, 154-156, 161, 165, 217, 218
Hamurcu, Nur 230, 231
Hamurcu, Mustafa 232
Heitmeyer, Wilhelm 7, 77, 111, 227
Herfkens, Eveline 58
Hirsi Ali, Ayaan 121-131, 144-146, 161-165, 168, 184, 202, 214-216, 218, 228, 237, 240
Hitler, Adolf 110, 225
Hoessein, Saddam 11, 159, 213
Holman, Theodor 176, 177
Hoop Scheffer, Jaap de 56-58, 90
Hulst, Sybrand van 171
Huntington, Samuel 26

Janmaat, Hans 89
Joustra, Tjibbe 169-171, 186

Kabaktepe, Uzeyir 29-32, 35
Kabdan, Rafet 33
Kamerman, Patricia 83
Kaplan, Metin 232
Karacaer, Haci 8, 147-152, 154, 165, 220, 221
Kenter, Co 49-50
Kissami, Mohammed 102, 103, 105
Klink, Ab 191
Kohl, Helmut 12
Kok, Wim 119
Kolbert, Elisabeth 113
Koopman, Fred 236, 237
Kooten, Willem van 64, 65
Kosto, Aad 12
Kuiper, Wim 36, 37, 40
Külcü, Hüseyim 38-40
Kuru, Fatma 69, 70

Laan, Medi van der 176
Lagerfeld, Karl 27
Lammers, Han 95, 100, 105
Lankhorst, Peter 199, 200, 203
Lazrak, Ali 128
Le Pen, Jean-Marie 13, 89, 114
Lemaalem, Hassan 18, 20-22
Lemaalem, Mohammed 18, 20-22
Lewinsky, Monica 45
Logtenberg, Hugo 122, 129
Lubbers, Ruud 23, 26, 29
Luiten, Hans 198, 203, 204, 206-208

Maij-Weggen, Hanja 13

Mao Zedong 218
Marcouch, Ahmed 223-225
Marijnissen, Jan 57, 90
Marx, Karl 40
Melkert, Ad 56 77, 88, 89, 104
Most, Harry van der 95, 96, 98, 99
Most, Ilona van der 98
Moszkowicz, Bram 233
Moumni, Khalil el 123
Mulder, Leny 173, 174, 196, 197
Mulisch, Harry 115
Mussolini, Benito 133

Nagel, Jan 64, 65
Nawijn, Hilbrand 66, 67, 133, 146
Nolting, Joost 42-45, 48, 50
Nooteboom, Cees 115

Örgü, Fadime 127
Oudkerk, Rob 110
Overhand, Nel 137, 138

Peer, Onno 198, 199, 204, 205
Penninx, Rinus 157
Peper, Bram 59
Pet, Ruud 103
Phalet, Karen 77
Pourier, Miguel 63
Pronk, Jan 139

Ratchasing, Prem 73

Ratelband, Emile 137
Remkes, Johan 171, 174, 177-179, 186, 187, 190, 195, 202, 217, 240
Rietveld, Sylvia 43, 44, 48
Rieu, André 137
Rijnbeek, Elly 96-98
Roes, Chris 40, 41
Roozendaal, Jacques 51
Rosenmöller, Paul 13, 56, 76, 89
Rouvoet, André 179
Roy, Olivier 228, 229
Ruiter, Bob de 76

Salam, Ahmad 181
Salama, Souad 19
Saleh, Jaime 63
Salm, Freek 30-33, 35
Sargentina, Judith 209
Schaefer, Jan 143
Scheffer, Paul 9, 52, 53, 55-57, 61, 62, 89, 115, 117, 124, 128, 147, 191
Schiffer, Claudia 26
Schmitz, Elisabeth 139
Schuyt, Kees 95
Schwarzkopf, Norman 11
Siad Barre, Mohammed 123
Simpson, O.J. 36
Smakman, Tom 162, 163, 172, 173, 199
Spruit, Lies 102, 105
Staden, Fred van 116, 117, 120

Taimountie, Mohammed 201, 202
Tak, Sjaak van der 140
Taspinar, Ismael 18, 20-22, 151, 152, 211, 230-233, 236, 238, 239
Taspinar, Tevfik 18, 20-23, 230, 231, 234
Taspinar, Selma 238-240
Taylor, Liz 12
Thijn, Ed van 26
Tjeenk Willink, Herman 116, 119, 120

Uleman, Martine 110
Üstüner, Yasar 34
Uyl, Joop den 119, 142

Veld, Miriam van 't 210, 231
Ven, Abdul-Jabbar van de 206, 207
Verbij, Antoine 218
Verboon, Gré 136
Verdonk, Rita 126, 131-135, 136-142, 144, 145, 157, 174, 176, 177, 181, 187-191, 195, 202, 214-217, 219, 240, 244
Verhagen, Maxime 159, 191-194, 245
Verlaan, Ankie 72, 107-109
Vliet, Albertine van 231

Vos, Luc 103, 104
Vos, Sjoerdje 103, 104
Vries, Klaas de 88, 146, 157, 160, 161, 175

Wallage, Jacques 13
Walters, Jason 178, 235
Walters, Jermaine 235
Waveren, Henk van 197, 198, 203-205
Wellink, Nout 116, 119, 120
Welten, Bernard 175
Wensveen, Cor van 91, 92, 96, 101
Wensveen, Wim van 91, 92
Wensveen, Els van 91
Wensveen, Mary van 92
Wijffels, Herman 117, 118, 120
Wilders, Geert 146, 157, 160, 161, 174, 179, 181, 202, 206, 240, 243
Wilhelmina, koningin 210
Winter, Leon de 115, 128
Wit, Leo de 175
Witt, Johan en Cornelis de 115, 142-143

Zalm, Gerrit 59, 181
Zeeman, Michaël 147
Zwan, Arie van der 8, 140